GOLDMANN

W0033308

Buch

Innerhalb von Sekunden drehte sich die Unterhaltung nur noch um oralen Sex und darum, daß ihn kaum ein Mann wirklich gut beherrscht.

»Ich habe mit ungefähr fünfzig Männern geschlafen«, sagte eine pailettengeschmückte Prinzessin. »Wißt ihr, wie viele es mir gut auf französisch besorgten? Zwei. Zwei! Wenn das nicht kläglich ist.«

»Du hast noch Glück«, entgegnete eine Madonna im hautengen Samtschlauch. »Ich kenn' nur einen Mann auf der Welt, der darin wirklich top ist. Und das ist mein Mann. Deshalb habe ich ihn geheiratet.«

»Ach tatsächlich?« hauchte eine schwarzhaarige Schöne und verrenkte sich fast den Hals. »Welcher ist es?«

»Der Dicke da drüben mit dem spießigen Anzug und der beginnenden Glatze«, entgegnete die Madonna. »Und wenn du ihn auch nur nach der Uhrzeit fragst, bohre ich dir einen Finger ins Auge.«

Mit frappierender Offenheit, schonungslosem Witz und entwaffnend genauem Blick führt Cynthia Heimel in ihrem neuen Buch durch den lockenden Garten der Lüste und über den steinigen Acker des Alltags. Ihre Themen liegen auf der Straße und brennen nicht nur der Großstadtfrau unter den Nägeln: oraler Sex und prämenstruelles Syndrom, Konkurrenzkampf unter Frauen und Paranoia beim Frühstück, Kleiderkauf und harte Pornos. – Und natürlich Männer: sensible Männer, alte Männer, schöne Männer, dicke Männer, Männer, die zuwenig lieben…

Autorin

Cynthia Heimel ist in Amerika als streitbare Autorin der Underground-Blätter »Village Voice« und »Soho Weekly«, aber auch als Kolumnistin des »Playboy« bekannt geworden. Ihr erstes Buch »Sex Tips für Girls« (Goldmann Taschenbuch 21012) wurde sofort zum Klassiker. Cynthia Heimel lebt mit ihrem Sohn in New York.

Inhalt

SEHNSUCHT

Cleo hat einen Neuen.

»Unser erstes Date war himmlisch«, sagte sie zu mir.
»Wir konnten nicht aufhören zu reden. Kennst du das?
Wenn alles am andern rasend interessant ist? Wie
zwei Gibbons kicherten und schnatterten wir bis vier
Uhr morgens.«

»Und, habt ihr's getan?« fragte ich, um aufs Wesentliche zu kommen.

»Nein, haben wir nicht. Wir fanden es besser, noch
ein Weilchen zu warten und uns erst besser kennenzulernen. Um die Vorfreude zu verlängern.«

»Sehr klug. Eine Frau kann heutzutage gar nicht
vorsichtig genug sein. Man will schließlich nicht ver-
führt und dann sitzengelassen werden.«

»Haha«, sagte Cleo.

»Was, haha?«

»Ich habe mich riesig auf unser nächstes Date gefreut. Schließlich waren wir beim ersten Mal so scharf aufeinander, daß wir am liebsten gleich ins Bett gegangen wären. Doch dann steht er vor meiner Tür mit einem Daumen so groß wie sein Kopf.«

»Mach keine Witze.«

»Es war eine Staphylokokken–Infektion oder was ähnlich Schlimmes. Er schluckte pfundweise Antibiotika und hatte schreckliche Schmerzen. Als faire, vernünftige Frau hab ich ihm natürlich nicht vorgeworfen, daß er sich nur deshalb einen zweiten Kopf hat wachsen lassen, damit ich meine sexuellen Hoffnungen begrabe.«

»Natürlich nicht. So was kann jedem passieren. Hin und wieder verwandelt ein Daumen sich eben in einen Ballon. Das heißt noch lange nicht ...«

»Bei unserer nächsten Verabredung hatte er sich einen üblen Darmvirus angelacht«, fuhr Cleo tonlos fort. »Beim übernächsten Mal spielte sein Rücken nicht mit. Ich mußte ihn zum Chiropraktiker fahren, und der empfahl mir doch glatt, darauf zu achten, daß er's nicht zu wild treibt.«

»Verfluchter Mist, Cleo. Auf so was haben unsere Mamis uns nicht vorbereitet. Möchtest du noch einen Kaffee?«

»Gern. Auf die Wirkung von Koffein kann ich mich wenigstens verlassen. Zur Zeit ist Koffein das einzig Erregende in meinem Leben.«

Wir saßen weiter in meiner Küche herum und schlürften verdrießlich unseren Kaffee. »Cleo, könnte es nicht doch eine Serie echter Mißgeschicke gewesen sein? Zufälle, die nichts miteinander zu tun haben?

Eine ungewöhnliche astrologische Konstellation ... alles in allem noch lange kein Beweis dafür, daß dieser Mann sich vor einer Beziehung drücken will oder?«

»Nein!« widersprach Cleo energisch. »Es ist mein psychopathisches, krankhaftes, perverses Strickmuster! Seit fast fünfzehn Jahren verliebe ich mich immer nur in Männer, die mit mir nicht können oder nicht wollen. In zugeknöpfte Dummköpfe, die Angst vor Nähe haben. Sie machen mich unglücklich, indem sie sich nicht melden, obwohl sie's versprochen haben, mich gerade dann allein lassen, wenn ich sie am meisten brauche oder urplötzlich nach L.A. übersiedeln und sich dort ein Starlet anlachen. Irgendwie bin ich jedesmal die Enttäuschte und Verlassene. Meine schlimmsten Befürchtungen werden immer wahr. Früher glaubte ich, ich sei eben nicht liebenswert. Doch inzwischen weiß ich, daß ich eine sensationelle Technik entwickelt habe, um exakt die Männer ausfindig zu machen, bei denen ich keinerlei Chance habe.«

»Wie wär's, wenn du diese Begabung vermarkten würdest?« schlug ich vor. »Mit einer Annonce in der Zeitung. Ungefähr so: Mädchen! Habt ihr's satt, euch von Männern die Fußknöchel abküssen und die Frisuren von unerwünschten Liebkosungen ruinieren zu lassen? Frauen! Seid ihr's müde, daß Männer euch mit Pralinen mästen, mit allergieauslösenden Blumensträußen belagern und euch mit langatmigen Liebesbriefen die Zeit stehlen? Meine Damen! Seid ihr angewidert von hartnäckigen Verehrern, die euch penetrant wie Göttinnen behandeln? Anruf genügt! Wir vermitteln umgehend coole, reservierte Männer, die niemals häßliche Dellen in euren Betten hinterlassen. Unzufriedenheit garantiert!«

»Sehr witzig«, brummte Cleo säuerlich.

»Cleo, du bist langweilig«, sagte ich streng. »Du hängst in einem Klischee. Tausende von Schnulzen handeln exakt von deiner Misere. Neun von zehn Hollywoodschinken ebenfalls – dort führt Sehnsucht allerdings immer zum Ziel. Diese Filme sind mentale Umweltverschmutzung. Sie suggerieren dem arglosen Publikum die völlig unrealistische Erwartung auf ein Happy–End. Deine Neurose ist eine nationale Macke. Jede will genau das haben, was sie nicht kriegen kann. It's the American way of life.«

»Laß uns irgendwo hingehen, wo wir uns betrinken können, du zynisches Scheusal von Freundin«, sagte sie.

Wir begaben uns ins »Lion's Head«, ein Zufluchtsort für melancholische Schriftsteller, für Schauspieler kurz vor dem großen Durchbruch und für trinkfeste Philosophen. Mit ihren wundervollen blonden Haaren und atemberaubenden langen Beinen erregte Cleo bei den noch wahrnehmungsfähigen Männern wie üblich Aufsehen, und bemerkte es – wie üblich – nicht.

»Vielleicht liegt es daran, daß ich mir während der Pubertät ständig Bob Dylan angehört habe«, seufzte Cleo und nippte an ihrem doppelten Tequila. »Dieser sentimentale Hurensohn! Ständig wartete er voller Sehnsucht auf Johanna's Rückkehr oder schmachtete nach Sarah. Dieser Typ verwandelte seinen Schmerz in Kunst und Millionen von Dollar, und ich fuhr voll drauf ab. Wie viele Abende verbrachte ich allein mit Bob zuhause und stimmte lauthals in seine melancholischen Klagelaute ein, verliebt in meine eigene Traurigkeit. Bei mir tickt's nicht richtig. Und natürlich bildete ich mir ein, daß er nur für mich singt ...«

»... wie jedes andere weibliche Wesen unter fünfundzwanzig in den sechziger Jahren. Cleo, dein Fall ist nicht einmalig!«

»Okay, okay. Ich bin nichts besonderes. Trotzdem bin ich chronisch unglücklich. Außerdem kannst du mein Gerede nur deshalb nicht ertragen, weil du genauso bist.«

»Moi?«

»Toi. Du bist jetzt schon Mitte dreißig, hattest mehr Lover als jede andere Frau, aber wirklich geliebt hast du noch nie. Du läßt niemanden an dich ran. Ein netter Mann verliebt sich in dich, doch du beschließt, daß seine verdammte Nase zu groß ist, oder du kritisierst an seiner Frisur herum. Wir sitzen im gleichen Boot! Wir sind der lebende Beweis für die alte Sigmund-Freud–Groucho–Marx–Woody–Allen–Paul–Watzlawick-Formel: »Wir treten in keinen Club ein, der uns als Mitglieder akzeptieren würde.« Nur das, was wir *nicht* haben können, ist gut genug für uns. Wir haben soviel Angst vor engen Beziehungen, daß wir uns nur Männer aussuchen, die uns garantiert nicht zu nah kommen.«

»Oh mein Gott, Cleo, es gibt Unmengen langweiliger Psychobücher zu diesem Thema. Glaubst du wirklich, daß wir so stereotyp sind?«

»Zweifellos«, sagte sie und orderte eine neue Runde.

PARANOIA ZUM FRÜHSTÜCK

Mir ist das Schlimmste passiert, was einem passieren kann. Als ich nach einem Buch suchte, entdeckte ich versteckte Briefe. Na ja, okay, *einen* Brief. Mein Freund war in England, tausende von Meilen entfernt, und vor mir lag dieser Brief, den ich noch nie zuvor gesehen hatte. Weibliche Handschrift. Was tun?

Ich überflog ihn blitzschnell. Frühere Freundin. Verzehrt sich nach ihm. Liegt auf dem Bett, ißt Nüsse, trinkt Hibiskustee und denkt an ihn.

Das war so gegen ein Uhr morgens. Um halb drei stand für mich fest, daß ich mich von meinem Freund trennen muß. Um halb vier faßte ich den Entschluß, diese Frau zu finden und ihr Leben zu ruinieren. Um fünf Uhr waren sie beide mausetot, und ich erschien bei seinem Begräbnis ganz in schwarz, mit einem geheimnisvollen Lächeln hinter meinem geschmackvollen Schleier.

Hattest du schon einmal einen transatlantischen

Beziehungskrach? Ich kann nur davor warnen: Jedes wohlgewählte Schimpfwort kostet ungefähr 2 Dollar 75 Cents. »Komm sofort zurück!« kreischte ich nach halbunterdrückten Flüchen und mörderischen Pausen im Wert von 45 Dollar.

Ich war durch meine tobsüchtige Nacht viel zu entnervt, um den üblichen Hilfstrupp von Freundinnen zusammenzutrommeln und mir alles von der Seele zu reden. Meine Paranoia hatte mich voll im Griff. Der Versuch, mir ein Brot zu toasten, endete damit, daß ich es quer durchs ganze Zimmer schmiß. Ich nahm eine Valium oder sieben. Brach mehrmals in Tränen aus. Schließlich rief ich Cleo an.

»Ich habe einen Brief gefunden«, sagte ich.

»Komm sofort rüber«, sagte sie.

Cleo ist ein kluges Kind. Sie meinte, es bestünde ja immerhin die ganz kleine Möglichkeit, daß ich überreagierte.

»Und wie«, kreischte ich sie an, »interpretierst du den Satz, in dem sie sagt, daß sie's nicht erwarten kann, seine Arme wieder um sich zu spüren?«

»'Wieder' ist ein äußerst unpräzises Adverb«, wersprach Cleo. »Und vergiß nicht, *sie* schrieb den Brief, nicht *er*. Sie ist ganz offensichtlich ein dummes Huhn, es ist sehr gut möglich, daß sie sich auf längst verjährte Dinge bezieht. Glaub mir, dies ist ein ganz typischer Brief von einer verzweifelten Frau.«

»Sie wird noch viel verzweifelter sein, wenn ich ihr Stricknadeln in die Augen gebohrt habe!« entschied ich finster.

Überreagieren? Moi?

»Lieber Himmel!« rief mein Freund. »*Sie* schrieb diesen Brief, nicht *ich*. Ich habe keinen Einfluß auf das, was sie tut.«

Nachdem ich ihm am Telefon die Hölle heiß gemacht hatte, war er in das nächste Flugzeug gestiegen. Sein Gesicht war sorgenvoll.

Gegen sechs Uhr morgens, völlig erledigt durchs Jet Lag, gestand er, daß es eine gewisse Episode gegeben habe, die mir nicht gefallen würde. Ein kleiner Ausrutscher zu Weihnachten letzten Jahres. Damals hielt er sich einen Monat außerhalb der Stadt auf, getrennt von mir. Und traf sie.

»Geilheit«, sagte er. »Rein animalische Lust, sonst gar nichts, glaub mir.«

Ich hätte ihn beinahe umgebracht, und bis heute versuche ich, ihm zu verzeihen.

Diese Geschichte enthält zwei Erkenntnisse:

1. Laß keine Briefe rumliegen, die dich belasten können.
2. Don't look for trouble.

Natürlich hängt beides zusammen. Jemand, der verfängliche Briefe in der Wohnung herumliegen läßt, sucht geradezu auf Händen und Knien nach Schwierigkeiten. Ich bin ein Anhänger der »Es–gibt–keine-Zufälle–Theorie« und glaube deshalb auch nicht, daß mein Lover diese Zeitbombe von Brief versehentlich gerade dort liegen ließ, wo ich sie finden konnte. Ich glaube vielmehr, daß es zwischen uns zu gut lief. Ich glaube, er wollte ein bißchen Staub aufwirbeln, dieses Miststück.

Doch welcher hirnrissige Impuls brachte mich dazu, den Brief zu lesen? Ich glaube, es lief zu gut zwischen

uns. Ich glaube, ich wollte ein bißchen Staub aufwirbeln. War es denn wirklich von welterschütternder
Bedeutung, daß ich von seinem kleinen Seitensprung
mit einem hibiskusteetrinkenden Flittchen wußte?

Hier eine Regel, die ich zu spät entdeckte. Gib der
Eifersucht keine Chance! Das bedeutet:

1. Kein heimliches Lesen von Tagebüchern.
2. Kein Durchsuchen von Schubladen.
3. Kein Überprüfen von Mitteilungen auf dem
   Anrufbeantworter.
4. Kein Öffnen verdächtiger Briefe über heißem
   Wasserdampf.

Du weißt, daß dein Herz wie ein Dampfhammer
schlägt, wenn du etwas Derartiges tust. Es ist das
Adrenalin, das in deinen Körper gepumpt wird, weil
Gefahr naht. Nach Beweisen für Untreue zu suchen,
ist das Selbstzerstörerischste, was du tun kannst.
Wenn du etwas Belastendes findest, willst du sterben.
Findest du nichts, empfindest du tiefe Abscheu vor
dir. Krankhafte Eifersucht ist nichts anderes als
Selbstbestrafung.

Das alles sage ich mir immer wieder. Doch es hilft
nichts.

Er geht einkaufen und bleibt fünf Minuten länger,
als er sollte. Ich bin mißtrauisch. Er kommt von einer
Probe seiner Band nach Hause und stellt sich unter
die Dusche. Ich bin mißtrauisch. Er geht morgens
früher zur Arbeit. Ich bin mißtrauisch.

Was tun?

Es gibt Leute, die behaupten, sexuelle Eifersucht sei
töricht. Jeder sollte jeden lieben, und niemand sollte
seinen Partner ausschließlich besitzen wollen. Diese

Theorie hatte in den Sechzigern ihre Blütezeit – besonders bei Männern. Ich habe sie damals gehaßt und hasse sie heute noch mehr. Sexuelle Eifersucht ist ein tiefes, archaisches Gefühl. Jeder, der etwas anderes behauptet, macht sich selbst was vor. In Wahrheit möchte jeder selbst gerne alle Freiheiten für sich beanspruchen. Doch keiner erträgt es, wenn sein Partner einem anderen auch nur einen längeren Blick zuwirft.

In jener Nacht der Beichte, als wir erschöpft im Bett lagen, nachdem ich ihn mit Nierenschlägen traktiert hatte, realisierte ich, daß es nicht die Untreue war, die mich so empörte. Es war der Verrat. Er hatte etwas Verletzendes vor mir geheimgehalten, und nun hatte ich es auf die demütigendste Weise herausgefunden. Wie konnte er mir das antun? Das war nicht der Mann, den ich kannte und liebte. Wie sollte ich ihm nun noch vertrauen?

»Und wie wäre es?« fragte er und schaute mich aus geröteten, schlaftrunkenen Augen an, »wie wäre es, wenn ich dir verspreche, von nun an immer ehrlich zu sein. Ich werde dir alles erzählen. Alles!«

»Warum kannst du nicht einfach treu sein?«

»Oh, das versuche ich bestimmt. Aber du kennst mich. Ich bin verrückt nach Sex. Vielleicht begegnet mir eines Tages eine traumhaft schöne afrikanische Tänzerin im Central Park, zerrt mich hinter einen Busch, nimmt meine Hand und legt sie auf ihre Brust ...«

»Hör auf!«

»Okay, nur noch dies. Ich verspreche dir, daß du's als erste erfährst, falls es passiert.«

»Na schön. Aber wenn du's mit einer anderen tust, dann darfst du sie nicht nach ihrem Namen fragen und du darfst sie nicht küssen oder die Nacht bei ihr bleiben. Und du darfst sie nie, nie mehr wiedersehen.«

»Sie wird mich für etwas seltsam halten.«

»Mir doch scheißegal!«

»Also okay, Darling. Ich verspreche es.«

Er versprach es. Wenn ich mich aufrege, wiederholt er sein Versprechen. Er hat mir angedroht, mir ein Endlosband mit unzähligen Versprechen aufzunehmen. Und nun? Ich werde ihm wohl vertrauen müssen. Oder?

ANGST VOR RENDEZVOUS

Die Erkenntnis trifft mich wie eine 44er Magnum. Mein Puls rast und das Blut gefriert in meinen Adern. Mein Magen spielt total verrückt. Ich muß ins Bad rennen, um einem unangenehmen Zwischenfall vorzubeugen.

Mir steht eine schwere Prüfung bevor, eines der schrecklichsten, scheußlichsten, makabersten und abschreckendsten Ereignisse im Leben einer Frau:

Ein Rendezvous. Ich muß mich wieder mit Männern verabreden.

Bitte, bitte, lieber Gott, rette mich davor! Ich will ab heute ein guter Mensch werden. Ehrenwort! Ich werde sofort aufhören, meinen Hund mit Haschisch zu füttern! Und an meinen Ex–Freund werde ich nie wieder aus Bosheit zehn Pizzas mit extra viel Käse liefern lassen! Ich werde lieb, rücksichtsvoll, vernünftig und fleißig sein. Alles, was du willst, aber bitte verschone mich mit diesen Rendezvous!

Das ist der Grund, weshalb ich es mit meinem Ex-Freund so lange aushielt. Weil mir der Gedanke unerträglich war, das ganze noch mal durchzumachen. Natürlich ist er etwas mittelmäßig und grün hinter den Ohren, sagte ich mir immer wieder, aber ich weiß wenigstens, daß ich heute nacht gevögelt werde – und morgen auch. Außerdem geht er mit mir ins Kino und will dort nicht meine Hand halten.

Händchenhalten – das Allerschlimmste beim ersten Rendezvous. Der Knabe (oder vielleicht sogar ich) kommt auf die Idee, daß händchenhalten angesagt ist. Gibt's denn was Einfacheres und Schöneres, um sich näher zu kommen? Ha, ganz im Gegenteil! Es gibt nichts im Leben, was nervtötender ist. Fange ich mit dem Händchenhalten erst mal an, traue ich mich nicht mehr, wieder aufzuhören. Ziehe ich die Hand weg, denkt er vielleicht, daß ich kalt oder launisch bin. Soll ich seine Hand drücken oder verheißungsvoll mit seinen Fingern spielen? Oder ist das schon zu aufdringlich?

Was ist, wenn wir im Kino händchenhalten und meine Nase plötzlich juckt? Wenn ich seine Hand loslasse, um die freche Nase zu kratzen, hinterher aber nicht gleich wieder seine Hand grapsche? Fühlt er sich dann zurückgestoßen? Oder ist er erleichtert? Was ist, wenn meine Hand feucht ist? Feuchte Hände sind weit störender als schlechter Mundgeruch oder als eine ultrarechte politische Einstellung. Feuchte Hände signalisieren, daß du im Bett eine Niete bist! Das weiß jeder!

Und was, du hämischer lieber Gott, soll ich anziehen? Ich brauche neuen Schmuck, neue Kleider,

Pullover, Hosen, Dessous. Und Schuhe! Schuhe verraten alles. Schuhe müssen perfekt sein. Männer lieben hohe Absätze, stimmt's? Ich kann auf hohen Absätzen aber nicht laufen. Okay, ich bin bereit, es zu versuchen. Für ein wirklich wichtiges Rendezvous bin ich fähig, 250 Dollar für Sandaletten mit Stiletto–Absätzen rauszuschmeißen, vielleicht mit verführerischen Bändchen für die zarten Fesseln. Diesmal ist alles anders, hämmere ich mir ein. Diesmal kann ich laufen. Doch nach spätestens einer Stunde verkrampfen sich meine Fußballen, und ich humpele erbärmlich. »Was ist los?« erkundigt er sich besorgt. »Du humpelst ja.« Und ich Feigling bringe nicht über die Lippen: »Diese verdammten Schuhe machen mich zum Krüppel, und zwar lebenslang, wenn ich sie nicht sofort ausziehe.« Er würde dann ja sofort kapieren, daß ich sie gerade erst gekauft habe – extra für das Rendezvous mit ihm! Dann fühlt er sich unbehaglich und unter Druck gesetzt, weil dieses Rendezvous für mich anscheinend so wichtig ist. Das wiederum weckt in ihm den Verdacht, daß ich gar nicht so souverän und begehrt bin, wie er annahm. Sonst müßte ich mir doch nicht, nur weil ich mich mit ihm treffe, Schuhe kaufen, in denen ich verdammtnochmal nicht laufen kann. Also muß ich mein Humpeln so erklären, daß es nichts mit den Schuhen zu tun hat. Vielleicht eine alte Kriegsverletzung?

Was ist, wenn meine Haare nicht mitspielen? Wenn sie links schlapp und wie angeklatscht runterhängen, sich rechts aber über dem Ohr aufbäumen? Schließlich passiert's ab und zu, daß trotz des richtigen Quantums Schaumfestiger und obwohl ich brav den

Kopf nach unten baumeln lasse, während ich die Pracht föne, irgend etwas schief geht und ich wie Maggie Thatcher aussehe? Manchmal ist meine Angst davor, wie ich hinterher aussehe, so groß, daß ich eine Valium schlucken muß.

Ich habe es schon mal fertiggebracht, vier verschiedene Lippenstifte übereinander aufzutragen, um den »Ich–trage–keinen–Lippenstift–sondern–habe–von–Natur–aus–rosig–schimmernde–Lippen«–Effekt hervorzurufen. Es kam auch schon vor, daß ich an meinem Unterlid mit grüner Farbe herumexperimentierte, bei einem Blick in den Spiegel jedoch feststellen mußte, daß ich wie ein nekrotischer Waschbär aussah. Nachdem ich alles wieder abgewischt hatte, schaute mich aus dem Spiegel ein anämischer Wasserbüffel an. Also fing ich von neuem mit der Pinselei an. Es ist mir schon oft passiert, daß ich in einem perfekt aufgeräumten Zimmer verschiedene Outfits anprobiert habe, bis zum Schluß mein gesamter Besitz an Kleidungsstücken auf dem Boden verteilt war. Wenn in einem solchen Moment das Telefon klingelt, habe ich keinerlei Chance, es zu finden. Ich finde nicht mal mehr mein *Bett*. O Gott, wie ich Rendezvous hasse!

Wenn er dann an der Tür läutet, während die Strümpfe sich noch um meine Knöchel ringeln, weil mein Strapsgürtel verschwunden ist, überlege ich fieberhaft, erinnere mich schließlich daran, daß er in meiner schwarzen Satintasche steckt (keine Fragen bitte!), schnalle ihn um meine Hüften, ziehe die Strümpfe hoch, öffne die Wohnungstür und lächle nonchalant zur Begrüßung.

Aber was dann? Worüber unterhalte ich mich?

Nichts von dem, was mir im Kopf herumgeistert, eignet sich als Gesprächsthema: »Glaubst du, daß wir heute schon miteinander schlafen werden?«, »Bist du auch einer von den Typen, die Bindungsangst haben?«, »Oder einer von denen, die sich nur auf Frauen einlassen, die glatte, muskulöse Oberschenkel haben?«, »Wirkt mein Deodorant?«, »Was für eine Beziehung hattest du zu deiner Mutter?«, »Findest du, daß es bisher zwischen uns gut gelaufen ist?«, »Magst du mich? Wie sehr magst du mich? Bist du wirklich sicher, daß du mich magst?«, »Leidest du an irgendwelchen gefährlichen Geschlechtskrankheiten?«, »Schon mal Potenzprobleme gehabt?«, »Du gehst doch nicht etwa deshalb mit mir aus, weil ich dir leid tue, oder?« etc.

Nein, wir werden übers Kino reden. Welche Filme wir kürzlich sahen. Und wenn für ihn ausgerechnet *der* Film die stärkste Erfahrung seines Lebens war, den ich sterbenslangweilig fand? Werde ich dann so tun, als sei ich seiner Meinung? Ich könnte darauf wetten! Ich wette, irgend etwas Widerliches in mir bringt mich dazu, anerkennend zu nicken und zu sagen: »Ja, der war wirklich großartig. Besonders gut gefiel mir die Sexszene im Swimmingpool.« Und dann hasse ich mich, weil ich unser Rendezvous in ein einziges Lügengewebe verwandle. Ich wirke geistesabwesend, wenn ich mit mir hadere, weil ich eine solche Heuchlerin bin. Ich starre blicklos vor mich hin und nicke mechanisch, wenn er mir Fragen stellt. Natürlich glaubt er nun, daß ich ihn nicht mehr mag, weil ihm dieser dämliche Film gefiel. Und er hat recht.

Was aber, wenn sein Lieblingsfilm *His Girl Friday* ist, dicht gefolgt von *Kinder des Olymp*? Oh, dann könnte ich mich verlieben.

Ja, dann wird's verdammt ernst.

P.M.S.

Ich lag zusammengerollt auf dem Sofa. Ganz in meiner Nähe hatte sich Rita in einem Sessel niedergelassen. Wir sahen uns das Video *Country* an. Gerade wurde das Kind von Sam Shepard und Jessica Lange unter mehreren Tonnen Getreide lebendig begraben.

»Was jetzt?« jammerte ich. »Das ist ja nicht auszuhalten. Stirbt der Kleine?«

Rita musterte mich aufmerksam und nickte. »Okay, okay, ich verrate es dir, aber nur, weil du heute an P.M.S. leidest. Nein, er stirbt nicht.«

»Gott sei Dank«, seufzte ich mit Tränen in den Augen. »Der arme kleine Junge.«

»Eigentlich müßte es für P.M.S.-Leidende TV-Sendungen mit Zwischentiteln geben. Zum Beispiel: 'Jetzt könnt ihr euch prima ausheulen, Mädels. Sie werden ihre Farm verlieren.' Oder: 'Das ist doch nur ein Film! Im tatsächlichen Leben geht es den Darstellern blendend.' Oder: 'Diese Sendung ist für P.M.S.–Frauen zu brutal.'«

»Sie verlieren die Farm«, wimmerte ich. »O nein, bitte nicht.«

Nun, wie wir alle wissen, ist *Country* ein etwas depressiver, langatmiger Streifen. Unter normalen Umständen würde ich mir so was gar nicht antun. Aber das P.M.S. ist ein unerbittlicher Gebieter. Es verwandelt die vitalste Frau in ein Häufchen zitterndes Elend.

P.M.S. = prämenstruelles Syndrom. Es taucht irgendwann nach dem Eisprung auf und verschwindet bei Einsatz der Menstruation. Hat keine Befruchtung stattgefunden, reduziert der weibliche Körper die Produktion von Gelbkörperhormonen drastisch. Denn dieses zügellose Hormon hat vor allem die Aufgabe, den Körper auf eine Schwangerschaft vorzubereiten und diese aufrecht zu erhalten. Kriegt das Hormon nicht, was es will, zieht es sich beleidigt zurück.

Östrogen dagegen, ebenfalls ein bedeutendes weibliches Hormon, ist viel optimistischer und geduldiger. Wird das Ei nicht befruchtet, steigert es unverdrossen seine Produktion und damit den Geschlechtstrieb sowie die Feinabstimmung aller primären und sekundären Geschlechtsmerkmale. Es hofft darauf, daß dem betreffenden weiblichen Wesen endlich ein Licht aufgeht, und es wie von Gott geplant das Ei befruchten läßt.

Dieses hormonelle Feuerwerk kann verheerende Auswirkungen auf die Psyche der Frau haben. Sie ist gereizt. Sie weint. Sie gerät in namenlosen Zorn. Sie ist überzeugt, daß es keinen Grund dafür gibt, weiterzuleben. Ihr Körper macht einen Riesenskandal, weil er schon wieder kein Baby bekommt – und sie ist dem Phänomen hilflos ausgeliefert.

Soviel Aufregung wegen zwei lächerlicher Hormone, wendet ihr ein? Urteilt lieber nicht voreilig, sondern überlegt mal. Ohne Hormone würde kein Mann eine Erektion bekommen. Ihm würden weder Brust– noch Schamhaare sprießen, und seine Stimme würde dem Timbre von Heintje nie entwachsen. Er hätte kaum Muskeln und bräuchte sich nie zu rasieren. Ohne Hormone wäre es einem Mann sogar egal, wer die Fußballweltmeisterschaft gewinnt.

Hier eine kleine Liste typischer P.M.S.–Symptome: Hoffnungslosigkeit, Depression, gewalttätige Impulse, Migräne, Panikgefühle, Ohnmachten, epileptische Anfälle, Stimmungsschwankungen, Apathie, Akne, Juckreiz, Heulkrämpfe, Wasseransammlung im Gewebe, Gerstenkörner, Halsschmerzen, Blasenentzündung, Harnröhrenentzündung, Freßlust, Brechreiz und Nesselausschlag. In England gilt P.M.S. bei Mordprozessen als mildernder Umstand.

Hier die Kommentare einiger Frauen, die ich auf das Thema ansprach:

Jennifer T., Grundstücksmaklerin: »Ich laufe dann mit Tränen in den Augen herum und wäre am liebsten tot, weil ich überzeugt bin, mit dieser Welt sowieso nie klarzukommen.«

Emily P., Zeitungskolumnistin: »Natürlich leide ich darunter, manchmal sogar extrem. Ich finde es ungerecht, daß Männer davon verschont sind. Okay, dafür geraten sie jeden zweiten Tag, wenn ihr Spermaspiegel zu sehr angestiegen ist, in eine ernsthafte

Krise. Oft habe ich das Gefühl, daß unser Körper mit diesen Symptomen Haß gegenüber den Männer ausdrückt, die nicht mit uns ins Bett gehen und uns keine Kinder machen.«

Maggie W., Schauspielerin: »Ich habe während P.M.S. das Bedürfnis, jedem, der mir auf der Straße begegnet, die Augen auszustechen. Mir unterlaufen grauenhafte Geschmacksverirrungen und ich entwickle einen unstillbaren Appetit auf Schokolade.«

Lynn G., TV–Produzentin: »Es ist der Fluch meines Lebens. Einmal pro Monat wache ich auf und bin überzeugt davon, unglaublich fett und häßlich zu sein, von meinem schlechten Charakter ganz zu schweigen. Ich wundere mich dann über jene Unbekümmertheit, mit der ich mein bisheriges Leben fristete und darüber, daß die Leute sich mit mir unterhalten, ohne sich übergeben zu müssen.«

Wie kannst du als Mann deiner Liebsten über diese schwierige Zeit hinweghelfen? Und wie kannst du selbst dabei überleben? Und zwar mit heilem Körper und heilem Penis! Dabei helfen dir einige praktische Tips:

1. Mach dir kleine Vermerke in deinen Kalender. Meistens beginnt das P.M.S. ungefähr eine Woche vor der Periode, doch es können auch zwei Wochen sein. Wer gewarnt ist, ist gewappnet. Wenn deine Freundin also in theatralisches Schluchzen ausbricht und mit den Worten: »Du hast mich nie geliebt!« ins Schlafzimmer rast und die Tür hinter sich zuknallt, dann prüfe, ob es sich um jene bewußte Zeitspanne handelt. Wenn ja, warte ab, bis das Schluchzen etwas nachläßt, und bringe ihr dann eine Tasse Kakao, eine Tüte Bonbons und ein paar Kekse.

2. Biete ihr bei jeder möglichen Gelegenheit Sex an. Masters und Johnson, dieses dynamische Duo, haben nachgewiesen, daß Frauen während des P.M.S. besonders sinnlich und leicht erregbar sind. Außerdem zeigten Untersuchungen, daß ein Orgasmus außerordentlich hilfreich dabei ist, diese lästigen Symptome zu vertreiben. Okay, es ist vielleicht keine angenehme Aufgabe, aber irgend jemand muß es tun, warum also nicht du?

3. Unterstütze sie bei ihrer Diät. Sie sollte möglichst viele kleine Mahlzeiten zu sich nehmen, damit ihr Blutzuckerspiegel nicht absinkt, Vitamine – besonders B6 – schlucken und ihren Kaffee– und Salzkonsum reduzieren, um unvorteilhafte Wassereinlagerungen zu vermeiden. Falls sie dir den Salzstreuer aus der Hand reißen will oder die Vitamine aus dem Fenster schmeißt, dann empfiehlt es sich, schnellstens den Kopf einzuziehen und sanfte beruhigende Laute auszustoßen.

4. Die bewußte Zeitspanne ist für folgende Vorschläge denkbar ungeeignet:

»Darling, meinst du nicht auch, daß deine Kleider dir besser ständen, wenn du fünf oder zehn Pfund abnehmen würdest?« oder: »Constanze, ich habe gründlich nachgedacht. Du weißt, wie sehr ich dich mag, aber ich finde, daß jeder von uns glücklicher wäre, wenn er mehr Freiraum hätte.« Schweigt über die tollen Beine von Jamie Lee Curtis oder darüber, ob es nicht langsam höchste Zeit wird, den Katzennachwuchs loszuwerden.

5. Im Zweifelsfall versichere ihr, du liebst sie wie verrückt und sie sei eine unglaubliche Kombination

aus Mutter Theresa und Marilyn Monroe. Dann geh'
mit ihr ins Bett.

Und nutze die Informationen aus dieser Kolumne
nie (nie!) dazu aus, dich vor einem Gespräch über
eure Beziehung zu drücken.

EIN RICHTIGER MANN IST SCHWER ZU FINDEN

Andrea legt Platten in einem noblen New Yorker Nightclub auf – das ist ihr Job. Im tiefdekolltierten eisblauen Satinkleid über sonnengebräunter Haut, die blonden Locken hoch aufgetürmt, sieht sie anbetungswürdig schön aus.

»Hallo, Andrea«, rief ich ihr zu, als ich in den Armen meines Partners an ihr vorbeitanzte. »Spiel mal was von George Jones, ja? Übrigens siehst du phantastisch erholt aus. Wo warst du?«

»Wenn du George Jones willst, nimmst du am besten einen Bus nach Nashville«, sagte Andrea und löste Frank Sinatra mit Prince ab. »Ich war auf den Bermudas, und weißt du was? Dort gibt es Männer. Richtige Männer!«

Auf diese Neuigkeit hin ließ ich meinen Partner stehen, der sowieso scharf darauf war, Jungs an-

31

zumachen. »Was meinst du mit richtigen Männern, Andrea?«

»Na, groß, breitschultrig, gutaussehend, wohlhabend und geil.«

»Hör mit solchen Märchen auf. Es ist unfair, seine Freundinnen zu verkohlen.«

Andreas' Gesicht bekam plötzlich einen andächtigen Ausdruck. »Weißt du, wie man sich fühlt, wenn ein Mann zu dir sagt: Zieh dich auf der Stelle aus, ich werde dich bis zum Wahnsinn vögeln – und es wirklich ernst meint.«

»Nein«, seufzte ich. »Wie fühlt man sich?«

»Du fühlst dich so, als hättest du das große Los gewonnen. Es ist das gleiche Gefühl, als fändest du unter dem Weihnachtsbaum genau die Puppe, die du dir seit Ostern gewünscht hast. Weißt du, wann das letzte Mal ein Mann mit mir ins Bett gehen wollte? Vor ungefähr zwei Jahren. Und nun hatte ich plötzlich mit zwei Männern gleichzeitig eine Affäre. Ich überlege ernsthaft, ob ich dorthin ziehe.«

Ich war von Andreas Erzählung so benommen, daß ich beim Weitergehen Rita anrempelte und ein Glas Tequila über ihr Modellkleid von Dior schüttete.

»Also wirklich, Schätzchen, das geht zu weit«, sagte sie. »Weißt du, wie sündhaft teuer es ist, dieses kleine Nichts reinigen zu lassen?«

»Rita! Andrea hatte gleichzeitig eine Geschichte mit zwei Männern, die ihr die Kleider vom Leib reißen und sie bis zum Wahnsinn vögeln wollten.«

»Darling, ich hab dich immer wieder gewarnt: Hör mit den Drogen auf. Jetzt siehst du, wohin das führt. Du halluzinierst.«

»Ich bin so clean wie du. Es passierte auf den Bermudas. Ich schwöre es.«

»Herr im Himmel!« rief Rita und schlug sich an die Stirn. »Zwei Männer! Unglaublich.«

»Wie bitte? Was?« erkundigte sich Cleo, die gerade vorbeikam und unsere entgeisterten Mienen sah.

»Andrea ist gevögelt worden«, sagte ich.

»Von zwei Männern. Auf den Bermudas«, sagte Rita.

»Mein Gott«, ächzte Cleo. »Schwestern, laßt uns ein Halleluja anstimmen.«

Am nächsten Mittag stocherte ich lustlos in meiner Pasta herum. »Natürlich habe ich auch Dates, Karen«, sagte ich. »Attraktive, vorzeigbare, nach Möglichkeit etwas frivole Männer, die unterhaltsam und charmant sind. Doch am Ende des Abends verschwinden sie immer mit einem Taxi. Ich fürchtete schon, daß ich eine negative Ausstrahlung habe, schließlich bin ich etwas angeschlagen, nachdem ich ein ganzes Jahr damit verbracht habe, mich von jemandem zu trennen. Aber egal wo ich hinkomme, ich höre von allen Frauen das gleiche Lied. Sein Refrain lautet: Wen muß ich kennenlernen, um heute nacht gebumst zu werden?«

»Es scheint eine Epidemie zu sein. Ich könnte dir stundenlang Geschichten von mißglückten Verführungen erzählen ...«

»Tu's nicht«, sagte ich. »Ich bin schon verzweifelt genug.«

»Vielleicht liegt es daran«, meinte Karen nachdenklich (sie ist eine hochintelligente und sehr gebildete Frau), »daß die Männer glauben, sie müßten mit ihrem Pimmel *Krieg und Frieden* schreiben.«

»*Krieg und Frieden*? Kannst du das für mich etwas näher ausführen?«

»Neuerdings sind sie alle auf Status, Besitz und Karriere aus. Jeder steht unter Leistungsdruck.«

»Du meinst also, daß die männliche Bevölkerung von Angstvorstellungen heimgesucht wird?«

»Durchaus möglich. Außerdem ist da noch der Feminismus.«

»Ach, Feminismus. Unser liebster Traum.«

»Die Folgen sind noch immer nicht ganz abzusehen, die Schockwelle läuft weiter. Ich glaube, es irritiert die Männer, daß sie uns als Gleichberechtigte behandeln sollen. Das Jäger–Beute–Syndrom ist schließlich eine wesentliche Quelle für die erotischen Phantasien vieler Männer.«

»Meinst du, sie hätten es wirklich lieber, wenn wir uns verhalten würden wie erschreckte Rehlein, die vom grellen Licht sich nähernder Scheinwerfer geblendet werden?«

»Sie hätten uns am liebsten als schüchterne, hilflose Kreaturen. Starke Frauen sind eine Bedrohung für die fragile männliche Psyche. Wenn Männer so tun, als hätten sie kein Interesse am Sex, so ist das nur eine raffiniertere Variante vom Luft–anhalten–und–blau-anlaufen.«

»Ich glaube nicht, daß es daran liegt«, meinte Emily später am Telefon dazu. »Wir leben in einer schrecklichen Zeit. Vergnügungen, auf die wir uns früher freuten, sind inzwischen lebensbedrohlich geworden. Welche Frau geht heute mit einem Mann ins Bett, bevor sie nicht seine medizinischen Befunde der letzten fünf Jahre studiert hat?«

»Vor fünf Jahren hätte ich noch gesagt, Männer seien unreif. Jetzt glaube ich viel eher, daß sie schreckliche Angst vor dem Tod haben, und zwar mehr als Frauen. Frauen werden jeden Monat sozusagen neu geboren, vergiß das nicht.«

»Heute muß man sich als Frau bei Verabredungen wie ein neunzehnjähriger Knabe verhalten«, sagte Lynn zynisch. »Ein 'Nein' darf man auf keinen Fall akzeptieren, wenn man einen Mann verführen will. Man muß alle Register ziehen und ihm notfalls Drogen verpassen.«

»Das kann ich nicht«, sagte ich.

»Natürlich kannst du es!« widersprach sie. »Wenn ich es kann, kannst du es auch.«

»Ich will es aber gar nicht können«, sagte ich störrisch. »Ich werde nur erregt, wenn die Männer wirklich scharf auf mich sind. Wenn sie deutlich signalisieren, daß sie mich haben wollen. Wenn sie mich buchstäblich verfolgen.«

»Du willst das Objekt ihrer Begierde sein, dein Leben aber selbständig bestimmen. Eine schwierige Angelegenheit heutzutage.«

»Vielleicht habe ich Sex für mich schon abgehakt«, sagte ich. »Ich setze Hüftspeck an, lege mir einen Pudel zu und tue gute Werke.«

Als ich gegen Ende der Woche bei einem Drink in meiner Kneipe saß, machte mich ein Typ auf konventionelle Weise an: Er drückte unter dem Tisch sein Knie an mein Knie, streichelte meinen Arm und bewunderte jedes Detail meiner Erscheinung. Ein Gefühl großer Lebendigkeit durchrieselte mich bis zu den Fußsohlen.

»Vor sieben Jahren«, vertraute er mir später an, »sagten mir die Frauen, ich sei unreif, weil ich scharf auf sie bin. Heute sagen sie mir, ich sei unreif, weil ich nicht mehr scharf auf sie bin. Was ist eigentlich mit euch los?«

Ich wußte wirklich nicht, wie ich es ihm erklären sollte.

ORALER SEX

Kein Mann ist gerne Zielscheibe weiblichen Spotts. Neulich war ich auf einer wirklich erstklassigen, echten Manhattan–Party, auf der der männliche Teil unserer Spezies unter den Pfennigabsätzen unzufriedener Frauen sprichwörtlich zermalmt wurde.

Ich hatte mir den Fuß verstaucht und konnte mich folglich nicht, wie es auf Parties sonst meine Art ist, an die Seite meines Freundes heften.

Stattdessen fand ich mich auf einem weichen Sofa wieder, umgeben von temperamentvollen, kokain-schnupfenden, whiskyschluckenden Amazonen mit Zungen von der Präzision und Schärfe eines Skalpells.

Innerhalb von Sekunden drehte sich die Unter-haltung nur noch um oralen Sex und darum, daß ihn kaum ein Mann wirklich gut beherrscht.

»Ich habe mit ungefähr fünfzig Männern geschlafen«, sagte eine pailettengeschmückte Prinzessin. »Wißt ihr, wieviele es mir gut auf französisch besorgten? Zwei. Zwei! Wenn das nicht kläglich ist.«

»Du hast noch Glück«, entgegnete eine Madonna im hautengen Samtschlauch. »Ich kenne nur einen Mann auf der Welt, der darin wirklich top ist. Und das ist mein Mann. Deshalb habe ich ihn geheiratet.«

»Ach tatsächlich?« hauchte eine schwarzhaarige Schöne und verrenkte sich fast den Hals. »Welcher ist es?«

»Der Dicke da drüben mit dem spießigen Anzug und der beginnenden Glatze«, entgegnete die Madonna. »Und wenn du ihn auch nur nach der Uhrzeit fragst, bohre ich dir einen Finger ins Auge.«

Ich bin zu prüde, um hier den weiteren Verlauf der Unterhaltung detailliert wiederzugeben. Der Hinweis, daß die Damen sehr unzufrieden waren, soll genügen.

Ich höre euch Männer jetzt fragen: »Was soll am Cunnilingus kompliziert sein? Man steckt den Kopf zwischen die Beine einer Frau und legt los. Was also soll der Quatsch?«

Mit diesem simplen Quiz könnt ihr eure oralen Fähigkeiten testen.

1.) Wenn ich mit einer Frau ins Bett gehe,
   a) bearbeite ich sofort ihre Klitoris
   b) stecke ich meine Zungenspitze in ihr Ohr
   c) küsse ich sie
   d) bitte ich sie um Verzeihung
2.) Wenn die Klitoris ein Sternzeichen hätte,
dann wäre sie ein
   a) Widder
   b) Stier
   c) Krebs
   d) Steinbock

3.) Während ich eine Frau oral befriedige,
ist mein Penis
a) steinhart
b) auf Halbmast
c) eine weiche Nudel
4.) Ein Psychiater würde diagnostizieren,
die Klitoris leide unter
a) Dementia praecox
b) manischer Depression
c) Penisneid
d) paranoiden Wahnvorstellungen
5.) Ich mache bei meiner Frau/Freundin
Cunnilingus
a) wenn sie Geburtstag hat
b) nach zwei Flaschen Wein
c) garantiert einmal pro Woche
d) vierundzwanzig Stunden täglich
6.) Ich halte oralen Sex für
a) eine angenehme Beschäftigung
b) deprimierend
c) ein poetisches Erlebnis
d) ekelhaft

Die Auswertung

1.c) ist richtig! Ein guter Kuß kann das Aufregendste
der Welt sein. Um Verzeihung zu bitten, kam bereits
1921 aus der Mode. Wenn du einer Frau deine Zungenspitze ins Ohr steckst – womöglich gleich zu Beginn
des Liebesspiels – mußt du damit rechnen, daß sie
die Flucht ergreift. Es mag ja gelegentlich angenehm
sein, häufig fühlt es sich aber eher feucht und schmie-
rig an. Außerdem weiß jede intelligente Frau, daß es

eine Vorstellung pubertierender Jungs ist, auf diese Weise eine Frau »scharf« machen zu können. Der schlimmste Fehler ist es jedoch, sich direkt auf die Klitoris zu stürzen. Die Klitoris haßt Sturmangriffe. Sie liebt eine harmonische, warme und freundliche Atmosphäre, um empfänglich gestimmt zu werden. Der beste Moment, um sie zu berühren, ist dann gekommen, wenn deine Freundin überzeugt ist, sterben zu müssen, wenn du es nicht sofort tust. Darum halte dich zurück, necke sie etwas und dann lege los!

2.c) Jeder weiß, daß die Klitoris ein Krebs ist. Was könnte sie denn sonst sein? Die Klitoris ist unter einer Kapuze versteckt und kommt erst hervor, wenn sie verrückt ist vor Lust. Die ungeschütze, rosafarbene, weiche Perle ist sehr empfindlich und schreckt sofort zurück, wenn du sie grob behandelst. Wenn du sie mit den Fingern stimulierst, ist es besser, sie sanft zu umschmeicheln, als sie direkt anzufassen. Deshalb mag sie die Zunge besonders gern. Die Zunge ist so wunderbar sanft und rhythmisch, wenn sie in kleinen Kreisen bewegt wird. Wenn du zärtlich und entschlossen an der Klitoris saugst, bis sie zum Orgasmus kommt, wird sie dir für immer und ewig gewogen bleiben.

3.a) Nichts ist für eine Frau demoralisierender als ein Mann, dessen starke und stolze Erektion beim oralen Sex innerhalb weniger Minuten halb oder gar ganz abschlafft. Dann möchte sie Sex am liebsten für immer vergessen.

4.b) Die Klitoris ist manisch–depressiv veranlagt. Wenn du ihr gibst, wonach sie sich sehnt – nämlich eine rhythmische, immer schneller werdende, zärtliche Stimulierung – dann gerät sie mehr und mehr außer sich, bis sie den absoluten Gipfel der Ekstase erreicht. Doch falls du mittendrin aufhörst oder nur halbherzig bei der Sache bist, setzt eine schwere Depression ein. Die Klitoris wird lethargisch und unzufrieden. Manchmal leidet sie auch unter anderen psychischen Störungen, jedoch niemals unter Penisneid. Der Penis, ein typischer Steinbock, läßt sich durch nichts von seinem Ziel abbringen, er kann allen Mißgeschicken trotzen und liebt es, mit Druck und Härte behandelt zu werden. Die Klitoris würde sich bei solchen Methoden sofort verstecken.

5.d) Obwohl das natürlich sehr unbescheiden ist.

6.a) Beim Cunnilingus kommt es, wie bei allen Dingen, auf die richtige Einstellung an. Alle tun so, als seien sie davon begeistert, dabei gehen sie viel lieber angeln. Die einzige Voraussetzung, die ihr braucht, um ein Champion beim Cunnilingus zu werden, ist die richtige Einstellung: wilde Begeisterung. Wenn ihr Cunnilingus als deprimierend oder ekelhaft empfindet, und euer Mund sich schon bei der Vorstellung angewidert verzieht, dann bittet einen Psychologen oder einen freundlichen Priester um Rat.

Punkteauswertung:

Berechne zehn Punkte für jede korrekte Antwort. Wer eine Punktzahl von 50 oder mehr erreicht hat, soll bitte seinen Namen mit Adresse und Telefonnummer an den Verlag schicken. Ich werde sie an meine Freundinnen weiterleiten.

EIN SCHÖNER MANN

Ich mußte ihn immer wieder ansehen: die elegante Kinnpartie, die von beneidenswert langen schwarzen Wimpern umrahmten meergrünen Augen, diese sensiblen und doch energisch geschwungenen Lippen, die perfekten Zähne, der großgewachsene schlanke Körper ... Doch dann wurde mir klar, was für ein Schwachkopf ich bin. Eine Frau, die auch nur in Erwägung zöge, dieses Schmuckstück zu verlassen, müßte total bescheuert sein.

»Schätzchen,« sagte meine Freundin Loretta, sein Photo betrachtend, »einen solchen Mann schickt man nicht in die Wüste, ohne vorher gründlich darüber nachgedacht zu haben.«

Es wird wohl Zeit, daß ich mir ein paar Gedanken über Schönheit mache. Bisher war das kein Thema für mich. Der Mann, den ich vor diesem Mr. Famos liebte, ähnelte in gewisser Weise einem pochierten Ei. Die Nase meines Ehemannes hatte große Ähnlichkeit mit einer Banane. Mein Sohn sieht nur rein zufällig wie ein griechischer Gott aus.

Als Mr. Beautiful vor zwei Jahren bei mir einzog, war ich reichlich naiv.

»Er sieht ziemlich gut aus«, verkündete ich meinen Freundinnen. »Ehrlich gesagt, war mein erster Gedanke, als ich ihn sah: 'Verzieh dich, du arrogantes Arschloch. Wahrscheinlich bist du sowieso schwul. Und falls du nicht schwul bist, dann garantiert hochgradig verwöhnt und eingebildet, weil du so attraktiv bist!' Natürlich äußerte ich diese Gedanken nicht laut.«

»Natürlich nicht«, sagten meine Freundinnen. »Wann kriegen wir diesen Adonis zu sehen?«

Sie sahen ihn an. Sie faßten ihn an. Einige von ihnen baten: »Gib mir um Gottes Willen sofort Bescheid, falls du ihn je über hast.« Andere meinten: »Bist du wirklich sicher, daß er nicht schwul ist?« Eine schreckte nicht mal davor zurück, ihn verführen zu wollen. Sie ist nun selbstredend nicht mehr meine Freundin.

Ich realisierte, daß ich mit einem Sexualobjekt zusammenlebte. Die Leute behandelten mich völlig anders, wenn ich mit diesem köstlichen Spielzeug von einem Mann aufkreuzte. Empfangschefs waren die Aufmerksamkeit selbst. Die Angestellten von der Reinigung begannen, mich wiederzuerkennen. Manche meiner Bekannten bekamen einen Gesichtsausdruck, der in etwa besagte: »Wir respektieren dich jetzt mehr, aber glaub bloß nicht, daß wir dich deshalb besser leiden können.«

Der Beau an meiner Seite bewirkte mehr als ein 150.000 Dollar-Luchscape. Es war, als besäße ich den Hope-Diamanten.

Signor Bellezza hatte leider keine so gute Zeit. Irgendwie wurmte es ihn, wenn Kolleginnen sich zu mir beugten und tuschelten: »Wo hast du ihn aufgegabelt?« Manchmal nannten sie ihn sogar »es«. Das klang dann so: »Es ist wunderschön. Hat es einen großen Schwanz?«

»Wie können die so über mich reden«, beschwerte er sich. »Ich komme mir dabei vor wie ein prämierter Show–Hund.« Mr. Pretty Face verzog beleidigt das Gesicht. Doch bisweilen konnte ich ihn dabei ertappen, daß er diese Aufmerksamkeit wie lebensspendende Feuchtigkeit in sich aufsog – einer Pflanze gleich. Seine Blätter wurden grün und saftig, und seine Blütenkelche schienen ihrer Befruchtung entgegenzufiebern. Er suhlte sich darin, er spreizte sein Gefieder und glühte vor Wohlbehagen. In solchen Momenten hätte ich am liebsten meine Finger in seine Augen gebohrt. Auch wenn ich mich an seiner Stelle genauso verhalten hätte.

Eigentlich kann ich mit meinem Aussehen zufrieden sein. Okay, meine Schenkel sind gräßlich und zwischen meinen Vorderzähnen kann man mit einer Harley–Davidson durchfahren. Aber häßlich bin ich nicht. Ich habe zwar nicht die Klasse meines Adonis, aber an guten Tagen kann ich ziemlich rasant aussehen.

Um dieses »ziemlich rasant« zu erreichen, muß ich allerdings hart arbeiten. Ich muß meine Haare (rot gefärbt, um meine Haut besser zur Geltung zu bringen) mit nach unten baumelndem Kopf fönen. Ich muß verirrte Augenbrauenhärchen auszupfen. Ich muß meine Beine in schwarze, schimmernde, knöchelbetonende Strümpfe hüllen. Ich muß meine Kleidung mit der Rafinesse eines Militärstrategen zusammenstellen, damit ich nicht oberlastig, unterlastig oder ganz einfach doof aussehe.

Manchmal streike ich und lasse meine Augenbrauen zu Büscheln gedeihen, trage ohne Unterbrechung zwei Wochen lang Jeans und ein ausgefranstes Sweatshirt, bis ich wie eine ältliche Schottin aussehe, die Pekinesen züchtet. Aber ich werde immer wieder rückfällig. Der Wunsch, ein Lustobjekt zu sein, ist übermächtig.

Ich will von Männern wahrgenommen werden. Ich will, daß sie meine attraktive Erscheinung bewundern. Ich will, daß sie mich begehren. Nach meiner Erfahrung reagieren Männer einzig und allein auf körperliche Vorzüge. Ein häßlicher, aber interessanter Mann hat weit mehr Chancen als eine häßliche, aber interessante Frau. Warum? Weil Männer hochsensible Augen haben. Männer können durch rein visuelle Reize erregt werden. Allein durch das Photo eines nackten Mädchens können sie zum Orgasmus kommen. Glaubt mir: Frauen können das nicht. Besonders deutlich ist diese Sensibilität nach meiner Erfahrung bei den Homos ausgeprägt. Hier eine Unterhaltung zwischen mir und meinem Freund Harry, der einen neuen Lover suchte.

Ich: »Warum triffst du dich nicht mal mit Dave?«

Harry: »Dave ist brünett! Ich liebe Blonde.«

Ich: »Wie wär's mit Stuart?«

Harry: »Stuart ist zu alt! Bestimmt schon 35. Außerdem ist er größer als ich.«

Ich: »Du bist doch auch 35. Und was macht das schon, wenn er größer ist?«

Harry: »Ich will aber was Kleines, Sanftes, Hübsches, Junges. Ein kuscheliges Häschen.«

Ich: »Aber das ist ... das ist ... sexistisch!«

Harry: »Nein, ist es nicht. Es ist visualistisch. Ich bin ein hundertprozentiger Augenmensch.«

Ich: »Aber du machst den anderen zum Objekt. Du bist der Macher, das Subjekt, und willst für den Sex ein ... ein Ding. Persönlichkeit und Charakter hast du nicht mal erwähnt.«

Harry: »So sind Männer nun mal.«

Ja, so sind Männer. Doch meine Erfahrung mit Mr. Exquisit zeigte, daß Frauen auch nicht anders sind. Seit Monaten schlafen wir nicht mehr miteinander, unsere Beziehung ist im Eimer, und dennoch will ich meine männliche Beauty nicht aus meinem Sichtfeld entlassen.

Daraus ziehe ich den Schluß – wie aus fast allem heutzutage – daß unsere Zivilisation sich unerbittlich auf den Abgrund zubewegt. Wir leben in einer zynischen Welt ohne Werte, ohne Hoffnungen. Wir bewundern die äußere Form, nicht den Inhalt. Wir sind keine Zivilisation von Zombies, sondern wir fühlen uns zunehmend hilflos und unsicher. Etwas Attraktives an unserer Seite oder in unserem Bett steigert unser Selbstwertgefühl. Beinahe so, als hätten wir ein dickes Bankkonto.

Nach diesen Gedankengängen fühlte ich mich ganz mutlos. Ich glaube, ich werde mein nutzloses, oberflächliches Leben hinter mir lassen. Vielleicht ziehe ich nach Schottland. Hunde züchten oder so ...

PORN TO BE WILD

Normalerweise ist Brendan sanftmütig, die Rücksichtnahme in Person.

Doch als wir ein paar hard–core Pornos beim Videoverleih aussuchten, verwandelte er sich in ein Monster. Halbtot vor Verlegenheit stand ich mit ihm im Laden, während er in den Tapes rumwühlte und kommandierte: »Nimm das und das und das!«

In Kürze umklammerte ich einen Stapel Schmutz und Schund. Brendan reduzierte die Ausbeute auf drei Tapes und schickte mich vor, um sie zu ordern. Ich mußte mit lauter Stimme *Dickman und Throbbin* zu einem anderen menschlichen Wesen sagen. Laut genug, daß es die Schwulen, die *Hintereingang* ausliehen, und alle anderen hören konnten.

»Am liebsten würde ich dich steinigen, weil du mich dazu bringst, so was zu tun«, beschimpfte ich Brendan, als wir endlich wieder draußen waren.

»Vergiß nicht, daß du diese peinliche Erfahrung unbedingt machen wolltest«, gab er ungerührt zurück. Er hatte recht! Deshalb habe ich fünf männliche Heterosexuelle in meine Wohnung zum Zuschauen eingeladen. Ich möchte sie gern dabei beobachten.

»Was soll ich ihnen anbieten?« fragte ich mich – ganz die besorgte Gastgeberin. Erdnüsse und Bier wie bei einer Fußballweltmeisterschafts-Übertragung? Oder etwas, das an Genitalien erinnert? Tortillas und Wiener Würstchen? Ich hätte mir diese Überlegungen sparen können.

Brendan und Jerry waren sehr aufgeregt, sie diskutierten über Fellatio und stopften sich wahllos voll. Philip, eher desinteressiert, wollte gar nichts essen. Mel, zappelig und schweigsam, aß wenigstens etwas vom Hühnchen. Johnny, der unergründliche Orientale, verzichtete ganz auf Essen und Trinken. Ich schob die erste Videokassette, *The Opening of Misty Beethoven*, in den Recorder.

»Die ist gut, sozusagen ein Klassiker«, sagte Brendan, als der Film anlief. »Verdammtes Paris! Phantastische Stadt.«

»Die Beleuchtung ist gräßlich«, beklagte sich Jerry.

»Und die Musik erst«, fügte Mel hinzu.

»Und die Kameraeinstellungen – man sieht überhaupt nichts!« sagte Jerry, der sogar seinen eigenen Videorecorder mitbracht hatte, um alles aufzuzeichnen. »Nur den Herpes auf ihrer Lippe sieht man. Ich mag gar nicht mehr hinschauen.«

Wir sahen uns also *Misty Beethoven* an, dann *Three Daughters*, ein von Frauen produzierter Film, den sie zuerst mochten, weil Beleuchtung und Musik gut waren. Doch dann merkten sie, daß nichts passierte.

»Die hat ja winzige, winzige Titten. Dabei ist die Tittengröße in Filmen sehr wichtig«, sagte Jerry.

»Los, wir spulen einfach vor. Sobald was los ist, gehen wir mit dem Tempo wieder runter«, schlug Brendan vor.

»Unmöglich, diese Titten!« rief Jerry. »Übrigens eindeutig ein Frauenfilm. Ich bitte euch zu bemerken, daß sie entscheidet, wann der Pimmel rein darf.«

»Ich bitte euch außerdem zu bemerken, daß es nicht gerade ein Riesenpimmel ist, den sie hinten drin hat«, gab Brendan zum besten.

»Jetzt zeigen sie Bilder von Make–Up und China-Porzellan! Sind die bescheuert? Sind wir etwa auf dem Home–Shopping–Kanal?« murrte Jerry.

»Phil Donahue und Marlo Thomas schauen sich den hier auch an«, informierte uns Philip.

Johnny: »Na, ich hab zu Hause bessere auf Lager.«

Mel: »Und ich schau' mir lieber Sport an.«

Sie spulten wieder vor. Sie waren ganz bei der Sache und nahmen kaum noch Notiz von mir, was ich begrüßte, da mir ziemlich übel war.

»Vibratoren für Frauen und Heim–Pornos für Männer«, seufzte Brendan, während die Videos gewechselt wurden. »Wohin ist es mit unserer Kultur gekommen?«

Beim Film *Dickman und Throbbin* kam es zum Streit.

Ich wollte den Dialog hören, Philip und Jerry wollten bitte etwas mehr Vorspiel, Johnny war alles egal, Mel haßte das ganze, weil es nur auf Video war, und Brendan wollte vorspulen und nur dann verlangsamen, wenn ordentlich gefickt wurde. Jerry schnappte sich die Fernbedienung und wurde Sieger.

»Hast du vielleicht Plätzchen da?« erkundigte sich Brendan.

»Ich habe mir schon zwanzig– bis dreißigmal Szenen aus *Ebony Humpers* angeschaut«, sagte Jerry.

»Na los, komm schon!« kreischte Philip plötzlich.

Mel: »Ja, ja!«

Johnny: »Nicht gerade üppig, was da kommt.«

»Vermutlich ist er heute schon ein paarmal gemolken worden«, erwiderte Philip.

»Hast du vielleicht Milch da?« fragte Jerry mit Unschuldsmiene.

Der Postbote gefiel ihnen gar nicht. »Sack–Defekt!« rief Brendan.

»Es ist doch unzumutbar, daß wir uns deformierte Eier anschauen müssen«, protestierte Jerry.

Aber von John Holmes waren sie schwer beeindruckt. »Das ist ja ein Ding«, sagte Philip. »Gigantisch. Sieht wie ein Prototyp für Dildos aus. Perfekte Adern.«

»Throbbin ist auch nicht gerade klein«, meinte Johnny.

»Bei ihm müssen sie normalerweise siebeneinhalb Zentimeter vom Schwanz draußen lassen«, klärte Brendan auf. »Sein Schwanz könnte ein Mädchen nämlich halbieren. Wieviele Drogen mußten sie der wohl verpassen, damit sie so etwas tut?«

»Vielleicht ist es ein Stunt–Schwanz«, scherzte Philip.

»Sind die verrückt? Mittendrin zitieren sie plötzlich das Etikett einer Ginseng–Flasche«, entrüstete sich Mel.

»So was bringen nur ignorante Weiße fertig«, sagte Johnny lakonisch. »Oh, das gefällt mir! Frauen sind sehr gut im Simulieren.«

Mir wurde bewußt, daß ich mir schon seit zehn Minuten die Hand vor die Augen hielt. John Holmes hatte mir Angst gemacht. Ich nahm die Hand weg und sah, daß die Jungens gemütlich mit untergeschlagenen Beinen dasaßen, Milch tranken und Kekse knabberten. Brendan tauchte seine Kekse sogar in die Milch.

»Es gibt übrigens auch Bier«, bot ich an. Sie wollten kein Bier.

»Oh, jetzt zwischen den Titten!« rief Mel.

»Was soll die Perlenhalskette?« Das kam von Philip.

»Die Titten sind nicht groß genug«, nörgelte Jerry.

»Es sind menschliche Titten, du Schwachkopf«, sagte Brendan. »Sie stammen nicht vom Planeten Tit.«

Sie spulten wieder vor. »Halt!« schrie Jerry. »Was war das? Ach, schon gut. Ich dachte, da wäre einer in ihrem Hintern.« Wieder vorspulen.

Dann gerieten sie alle in Aufregung über eine N.H.Fellatio. No hands. Sehr anregend. Dann bewunderten sie den knackigen Hintern eines Mädchens. Dann einigten sie sich, daß ihnen grüne Unterwäsche besser gefällt als beige. Dann schlief Brendan ein, und Johnny begann, eine Zeitschrift zu lesen. Philip und Mel diskutierten über Fußball.

»Ganz egal, wie gut es ist, es ist nie gut genug. Ist dir das auch schon aufgefallen?« sagte Jerry, als er seinen Recorder zusammenpackte.

Ich fühlte mich wie eine Jugendherbergsmutter, als ich meine Freunde betrachtete, die vorübergehend zu pubertären Voyeuren geworden waren. Ich fand es fast rührend, wie fasziniert sie vom rein Visuellen waren, von knackigen Hintern und großen Brüsten.

Aber ich werde meinen Körper niemandem mehr zeigen. Nachdem ich diese Filme sah, will ich nie mehr Sex haben.

Nie mehr!

FRAUEN UND PORNOS

Zuerst mußten wir x Tassen Kaffee trinken, dann Erins Pullover bewundern, dann einen Knaben (meinen Sohn) den Videorecorder anschließen lassen, dann herausfinden, wieviele von uns unter P.M.S. leiden (zwei) und wieviele von uns Probleme mit ihren jeweiligen Partnern haben (zu viele). Dann schaltete mein Sohn den Videorecorder ein. Und wir kreischten.

Ein hohes, schrilles Mädchen–Kreischen, das an Teenager bei Auftritten von Sinatra oder den Beatles erinnerte. Allerdings klang unser Gekreische so entsetzt, als würden wir gerade den Mord an Sinatra miterleben. Anscheinend eine typische Verhaltensweise von Frauen, die sich Pornofilme anschauen. Allmählich beruhigten wir uns etwas, und während *Dickman und Throbbin* über die Mattscheibe flimmerten, zeigten wir nur noch Symptome mittlerer Hysterie.

»Ich fühle mich wie damals als Achtjährige«, sagte Cleo, »als sich meine Freundinnen für Jungens interessierten, und ich es einfach nicht kapiert habe.«

»Schaut euch diese künstlichen Titten an«, sagte Rita. »Sie liegt auf dem Rücken und trotzdem ragen sie steil nach oben. Und sie hat kaum Schamhaare. Und die paar, die sie noch hat, sind gebleicht.«

Erin: »Ich schätze, das soll eine vorbildliche Fellatio sein, oder?«

Carla: »Mir ist völlig schleierhaft, wieso ihr nicht schlecht wird.«

Marta: »Oh, ist der riesig!«

Rita: »Dabei ist er noch nicht mal steif. Das soll wohl der Beweis sein, daß er wirklich groß ist. Oh, schaut mal, jetzt kümmert sie sich um ihren eigenen Orgasmus.«

Erin: »Wir alle haben schon besser einen Orgasmus vorgetäuscht.«

Rita: »Und wie sie ihn anhimmelt!«

Cleo: »Sie versucht ihn mit allen Mitteln zum Höhepunkt zu bringen. Sie denkt, ein Schlafzimmerblick ...«

Carla: »Die wird sich nicht gut halten. Die altert schnell.«

Rita: »Warum verpfuscht sie sich mit sowas ihr Leben?«

Sue: »Stellt euch vor, auch dieses Mädchen hat irgendwo einen Vater und eine Mutter.«

Erin: »Sie wuchs bei einem Vater auf, der sich jeden Tag betrank und sie dann vergewaltigte. Folglich ist das hier ganz in Ordnung für sie.«

Rita: »Nun auch noch Telefonsex! Natürlich trägt eine Frau beim Telefonsex Strapsgürtel!«

Sue: »Hatte eine von euch schon mal einen Freund, der anrief und Telefonsex wollte?«

Cleo: »Wie mühsam!«

Rita: »Ich trage jedenfalls meine Oma–Nachthemden und Kniestrümpfe im Bett.«

»Und er würde dann garantiert wissen wollen, was für aufregende Sachen du anhast«, riefen wir alle im Chor.

»Ist das da etwa Gael Greenes Freund«, überlegte Marta laut.

Bei einer Großaufnahme von Cunnilingus ertönte schrilles Quieken.

»Nun ist endgültig entschieden, daß ich nie lesbisch werde«, sagte Cleo angewidert.

Wir hielten uns alle die Augen zu. »Wo bleibt unser weiblicher Stolz?« wunderte sich Erin. »Warum finden wir das eklig?«

Rita: »Ich habe bis jetzt noch keine Möse gesehen, die aussieht wie meine.«

Carla: »Ich weiß gar nicht, wie meine aussieht.«

Erin: »Ich schon. Allerdings glaube ich nicht, daß ich sie in einem überfüllten Raum wiedererkennen würde. Wir sind nicht dazu erzogen, sie zu mögen, sondern sie sogar abzulehnen. Männer dagegen sind dazu erzogen, sie zu lieben.«

Dickman, alias John Holmes, entblößte sein Glied. Schreie.

»Wie eine Waffe!«

»Das kann nicht echt sein!«

»Das haben sie ihm vorgeschnallt!«

»Wie ein Elefantenrüssel!«

»Der hat Krampfadern auf dem Schwanz!«

Rita: »Stellt euch mal folgende Situation vor. Ein Mädchen ist noch Jungfrau, und ihre Mutter bittet ein paar Jungs, ihr ein bißchen was beizubringen. Das könnte durchaus sehr sexy sein, wenn man es richtig gut macht, und nicht wie hier, wo sie die Ärmste mit ihren Penissen zu Tode quälen.«

»Es dürfte auch nur ein Mann sein, und zwar Paul Newman.«

»Oh, ich hätte gern zwei Männer«, widersprach Erin.

»Ja, der zweite könnte Sean Connery sein«, stimmte Rita zu.

»Ist euch schon aufgefallen, daß es in diesem Film noch keinen einzigen Kuß gab?« fragte Marta.

Mein Sohn kam ins Zimmer. »Schau nicht hin! Schau nicht hin!« kreischten wir los.

Er holte sich eine Zeitschrift. »Statt so was anzuschauen, kaufe ich mir lieber das da«, sagte er und hielt die Bademoden–Ausgabe von *Sports Illustrated* hoch.

Cleo: »Sehr vernünftig! Das macht dich nämlich auf Mädchen scharf, die du nie im Leben kriegen kannst.«

Er verschwand. Als nächstes schauten wir uns *Drei Töchter* an, ein Film, der speziell für Frauen gedacht war.

Cleo: »Schon besser. Nicht so ekelerregend wie der andere.«

Erin: »Dafür aber nicht sexy.«

Carla: »Das gibt's doch nicht! Die haben uns seinen Penis vorenthalten.«

Marta: »Der war unwesentlich.«

»Schaut sich außer mir noch jemand die Tapete an?« fragte Rita.

Cleo: »Kein Mensch masturbiert wie die.«

Rita: »Ich zieh mich nicht mal aus dabei.«

Sue: »Und ich führe hinterher garantiert keine

Selbstgespräche. Schaltet den Kasten ab. Ich will mir keinen Film ansehen, der langweiliger ist als mein eigenes Leben.«

»Warum kapieren die nicht, daß nichts so sexy ist wie Boxershorts?« rief Cleo.

»Jeans sind sexy.«

»Ich finde es sexy, wenn Männer ihre Ärmel hochkrempeln.«

»Wenn sie am Auto rumbasteln.«

»Wenn sie sich auf irgend etwas voll konzentrieren.«

»Wenn sie Gitarre spielen.«

»Aber überhaupt nicht, wenn sie übertrieben gut angezogen sind und das auch noch wissen.«

»Ich finde Jungs irre sexy, wenn sie wie wilde Hell's Angels aussehen.«

»Wenn sie ein kleines bißchen angeschmuddelt sind und lange Haare haben.«

»Was ist mit Jeansjacken? Was meint ihr?«

»Yeah!«

Wir begriffen absolut nicht, warum der Film spritzendes Sperma zeigen mußte. Zwei von uns haben sich fast übergeben. Ein paar von uns waren ab und zu mal ein wenig angeturnt, doch dann wurde gleich wieder alles verdorben. Wir alle haßten die Großaufnahmen, bei dreien von uns lösten sie Panik aus. Wir kamen zu dem einstimmigen Urteil, daß wir erotische Bücher viel lieber mochten als Pornofilme.

Dann lutschten wir Lollipops, tauschten Strickmuster aus und beruhigten uns ganz allmählich wieder.

WER BRAUCHT WEN MEHR ?

Brauchen Männer die Frauen mehr als Frauen die Männer? Seitdem wir Frauen eine gewisse finanzielle Unabhängigkeit erreicht haben, stellen wir uns diese unvermeidliche Frage. Begleitet mich! Ich werde in der ganzen Stadt Szenen zwischen Paaren und Freunden belauschen, um mehr über dieses Thema herauszufinden.

Erste Szene:
In einem stilvoll eingerichteten Eßzimmer ißt ein bekannter Physiker mit seiner Frau, einer freiberuflichen Pullover–Designerin, gerade zu Abend.
Ehefrau: »Natürlich braucht ihr Männer uns Frauen mehr als wir euch. Das ist meine feste Überzeugung. Darf ich dir etwas Wein einschenken, Darling?«
Ehemann (erbleicht): »Ich habe es gewußt! Ich wußte, daß wir nie hätten heiraten dürfen. Was du wirklich willst, da kannst du mir nichts vormachen, ist eine berufliche Karriere. Ich lähme dich. Du würdest all das

hier sofort für einen Vertrag mit Macy's aufgeben. Oh, wir haben einen großen Fehler gemacht!«

Ehefrau: »Du siehst mich völlig falsch, Darling. Ich bin dir vollkommen ergeben. Ich würde alles für dich tun. Du bist die große Liebe meines Lebens. Du bist mein großer, starker, wundervoller Mann. Ich koche für dich, bügle deine Hemden und versuche auf jede nur erdenkliche Weise, dich glücklich zu machen.«

Ehemann: »Das klingt fast so, als sei ich dein Baby.«

Ehefrau: »Mein Engel, alle Männer sind Babies. Und je eher sie das begreifen, desto besser.«

Zweite Szene:

Die Freundin, von Beruf Küchenchefin, tigert im Wohnzimmer auf und ab, während ihr Freund, ein Bautischler, sich auf dem Sofa räkelt.

Freundin: »Ich hab's satt, alles allein zu machen. Warum tust du nicht auch mal was? Wäschst mal ab? Beteiligst dich an der Miete, an der Telefonrechnung oder an sonst irgendwas?«

Freund: »Ich will nicht mehr darüber reden. Es langweilt mich.«

Freundin: »Soso, es langweilt dich? Und was ist mit mir? Was ist mit meinen Bedürfnisse? Wir haben überhaupt keinen Spaß mehr. Alles muß ich machen. Bitte, geh doch mal zu einem Psychologen.«

Freund: »Ich denke gar nicht dran. Mit mir ist alles in Ordnung. Übrigens gehe ich jetzt aus.«

Freundin: »Was! Wo gehst du hin? Wann kommst du wieder?«

Dritte Szene:

Gloria und ihr Freund Sam sitzen beim Lunch in einem Restaurant.

Sam: »In meinen Beziehungen versuche ich immer irgend jemanden zu retten. Ohne diese Komponente kann ich mir eine Liebesgeschichte gar nicht vorstellen.«

Gloria: »Du glaubst, Männer brauchen Frauen mehr als umgekehrt?«

Sam: »Diese Frage läßt sich nicht beantworten. Schau dir diese Tasse Tee an. Braucht der Tee mehr die Tasse? Oder braucht die Tasse mehr den Tee? Du brauchst beides, um eine Tasse Tee zu haben.«

Gloria: »Lächerlich! Würde die Tasse den Tee nicht umgeben und verwahren, dann würde er über den ganzen Tisch fließen und sich auf unserem Schoß sammeln. Der Tee hat ohne die Tasse keine Form. Aber eine Tasse ist immer eine Tasse. Und wenn sie will, kann sie auch mal Kaffee statt Tee haben.«

Sam: »Du bist wohl nicht bei Trost?«

Vierte Szene:

Ein seit zehn Jahren verheiratetes Paar – er arbeitet, sie nicht – um drei Uhr morgens im Schlafzimmer:

Ehefrau: »Ich brauche einen Platz für mich allein. Du weißt, daß ich dich liebe, aber ich möchte ausziehen.«

Ehemann: »Du kannst nicht ausziehen, du dummes Stück. Wer soll deine Pelzmäntel und deine 200–Dollar–Schuhe bezahlen?«

Ehefrau: »Ich habe dich schon mal finanziert, erinnere dich.«

Ehemann: »Ungefähr drei Monate lang, als wir neunzehn waren.«

Ehefrau: »Ich will mich selbst finden. Aber ich kann mich nicht selbst finden, wenn ich mich um deine Socken kümmern muß.«

Ehemann: »Du hast eine Affäre. Gib's zu, du hast eine Affäre! Wer ist der Kerl? Es ist Max, stimmt's?«

Ehefrau: »Nein, Max ist es nicht.«

Ehemann: »Wer dann?«

Ehefrau: »Du kennst ihn nicht.«

Ehemann: »Ich bringe dich um, wenn du mich verläßt. Am besten, ich bringe dich gleich um.«

Fünfte Szene:
Laurie und Tina in einem Fitness–Center.

Laurie: »Und dann sagt er, daß er mit ihr geschlafen hat. Ich kann es nicht fassen. Wie konnte er mir das antun? Halt, jetzt weiß ich, warum er mir das antun konnte. Ich selbst habe ihm die Waffe in die Hand gegeben. Ich hatte ihm von Peter erzählt, der mich mit seinen Affären todunglücklich machte. Dieser verdammte Kerl!«

Tina: »Hör mal, du wolltest ihn unbedingt haben, jetzt hast du ihn. Du hast in dieser Beziehung das Sagen. Es ist deine Wohnung, es sind deine Freunde, es ist dein Leben. Du steckst ihn total in die Tasche. Hättest du nur einen Moment darüber nachgedacht, dann wäre es dir sonnenklar: Natürlich schläft er herum. Es ist für ihn die einzige Möglichkeit, so zu tun, als gehöre sein Leben ihm.«

Laurie: »Ich bin so durcheinander, daß ich womöglich aus dem Fenster springe.«

Sechste Szene:

Clarice, Töpferin, und Ken, Musiker, genehmigen sich im Pub einen Drink.

Clarice: »Darling, glaubst du, wir sollten es nochmal miteinander versuchen?«

Ken: »Heißt das, daß du jetzt mit mir schlafen willst?«

Clarice: »Nicht gerade in dieser Sekunde, Darling, aber ich fände es gut, wenn du wieder aus dem Gästezimmer ausziehst. Die Kinder wären begeistert.«

Ken: »Welchem Umstand verdanke ich diese frohe Kunde?«

Clarice: »Sei bitte nicht zynisch. Ich kenne mich selbst nicht mehr. Es ist nur so, daß ich ganz verrückt nach dir bin, seit ich so viele Töpfersachen verkauft habe.«

Ken: »Laß uns ein Hotelzimmer mieten. Gleich jetzt.«

Clarice: »Okay.«

Aufgrund der eben beschriebenen Szenen und einigen anderen habe ich eine Theorie entwickelt, die mir sehr zusagt. Hier ist sie:

Bedürfnisse sind nicht geschlechtsspezifisch, und jede Sache ist, wie üblich, das Gegenteil von dem, was sie zu sein scheint. Tatsächlich haben nämlich die »Tyrannen«, also diejenigen, die gern Kontrolle ausüben und für ihre Partner die Verantwortung übernehmen, erstaunlicherweise die meisten Bedürfnisse. Und die Abhängigen, also diejenigen Männer und Frauen, die scheinbar umsorgt sein wollen, haben in Wirklichkeit die Macht.

Siebzehn Psychologen würden mit siebzehn verschiedenen Erklärungen für dieses Phänomen auf-
warten. Vielleicht ist der umsorgte Partner so erbittert
über seine Abhängigkeit, daß er irgendwann aus-
brechen muß und sich dann tatsächlich viel besser
fühlt. Vielleicht können die dominanten Partner ihre
eigene Bedürftigkeit nicht akzeptieren und übertragen
sie deshalb auf ihre Partner, mit denen sie sich dann
so stark identifizieren, daß sie zusammenbrechen,
wenn sie verlassen werden.

Vielleicht besteht das Leben aber auch nur aus
einem kolossalen Witz nach dem anderen.

PSYCHOS

»Was sagt denn deine Therapeutin dazu?« fragte Rita und drückte ihre Zigarette sorgfältig aus.

»Sie ist auch ratlos«, sagte ich. »Aber du weißt ja, wie die sind. Aus diesen Schnepfen eine Meinung rauszuholen ist so mühsam wie Zähneziehen. Ich hasse sie.«

»Oh, ich weiß, wovon du sprichst«, stöhnte sie und zündete sich wieder eine an. »Als ich gestern bei meiner war, dachte ich: 'Was ist eigentlich mit der los? Wir haben August, und sie sieht blaß und müde aus'. Dann schaute ich mich um und stellte fest, daß ihr Farbensinn mies ist und ihre Zimmerpflanze eingeht. 'Vielleicht', dachte ich, 'ist sie neidisch auf meine knackige Bräune.' Aber in meinem Kopf hörte ich diese kleine irritierende Stimme, die immer wieder sagte: 'Du weißt genau, daß sie recht hat.' Als ich zu Hause ankam, fühlte ich mich richtig krank. Aber entschuldige, wir waren gerade bei deinem Problem.«

»Ach, was soll's«, sagte ich und winkte der Bedienung, noch einen Cappuchino zu bringen. »Ich weiß sowieso schon alles. Das, was ich über meine arme, verdrehte Psyche noch nicht weiß, würde nicht mal ein dünnes Schulheft füllen. Ich habe keine Ahnung, warum ich Woche für Woche zu dieser widerlichen Person pilgere.«

Wir hatten beide den Verdacht, daß ich lüge, und wir hatten beide recht. Psychotherapeuten spielen eine sehr wichtige Rolle im Leben einer Frau – wichtiger noch als die Gymnastik–Trainerin. Jede von meinen Freundinnen geht zu einem Therapeuten, ganz besonders eifrig die Freundin, die selbst Therapeutin ist. Die meisten von uns gehen regelmäßig hin. Diejenigen, die ihre Therapie beendet haben, sind nur eine Angstattacke und einen Anruf weit davon entfernt, wieder anzufangen.

Dabei ist keine von uns verrückt. Okay, ein paar Neurosen und vielleicht eine Andeutung wiederkehrender zügelloser Paranoia. Aber keine von uns hat Aussichten darauf, eines Tages über ihren grauenhaften Fall in angesehenen wissenschaftlichen Abhandlungen nachlesen zu können. Wir funktionieren unerbittlich, sind relativ vernünftige und manchmal sogar glückliche Erwachsene.

Warum gehen wir dann hin? Ich kann nicht für alle Frauen sprechen, wage aber auf der Basis eigener Erfahrungen, eine Vermutung zu äußern:

Wir kämpfen erbittert gegen unsere selbstzerstörerischen Impulse. Jeden Morgen wachen wir auf, schauen unserem Selbsthaß trübe ins Auge und sagen: Verpiß dich!

Wer weiß, wann dieser Selbsthaß anfängt? Vielleicht läßt man weibliche Babys routinemäßig auf den Kopf fallen. Vielleicht ist Penisneid entgegen meiner felsenfesten Überzeugung doch kein Mythos. Vielleicht wurde das weibliche Selbstwertgefühl dadurch untergraben, daß wir als Teenager zu häufig weiße Kniestrümpfe und schwarze Lackschuhe tragen mußten? Vielleicht – man kann ja nie wissen – förderte die auferzwungene passive Rolle unseren Masochismus. Woher soll ich das wissen? Schließlich bin ich nur ein Mädchen. Nein, das streichen wir wieder. Ich bin eine anerkannte Autorität in Frauenfragen und weiß alles. So ziemlich alles ...

Ich weiß jedenfalls, daß wir unserer Therapie keine überdimensionale Bedeutung beimessen. Okay, sie ist nötig und förderlich. Aber eigentlich ist die Therapeutin nur ein weiteres Instrument, eine weitere Stimme. So was wie eine professionelle Freundin.

»Was sagt deine Therapeutin dazu?« ist das Leitmotiv vieler Unterhaltungen. Und falls die Therapeutin eine Meinung hat, hören wir zu, wägen sie vorsichtig ab, aber wir glauben nicht unbedingt daran.

Irgend etwas in unserer Erziehung (vielleicht die Kniestrümpfe) läßt uns selbst wie Therapeutinnen denken. Wir analysieren ununterbrochen. Wir forschen nach Motiven. Wir sezieren unsere Kindheit.

Hören Sie sich folgende Unterhaltung an. Ich schwöre, sie ist fast wortwörtlich wiedergegeben:

Cleo: »Ihr Problem ist natürlich, daß sie zwei Väter hatte.«

Ich: »Was?«

Cleo: »Ganz einfach. Ihre Eltern hatten beide einen Job. Der Bruder ihrer Mutter konnte nicht arbeiten und kümmerte sich daher jeden Tag um sie. Ich habe diesen Bruder kennengelernt – sehr nett, aber kalt und nicht unterstützend. Seit damals wiederholt sie immer wieder dasselbe Muster.«

Ich: »Genau! Deshalb spielt sie nun ständig einen Mann gegen den anderen aus. Sie kann sich nur dann sicher bei einem Mann fühlen, wenn sie irgendwo noch eine andere Sache am laufen hat. Und ich hielt sie für ein Flittchen.«

Cleo: »Aber manchmal denke ich, daß ihr derzeitiger Typ gar keine Vaterfigur ist. Genau genommen ist er eigentlich eher wie ihre Mutter.«

Ich: »Die Ärmste.«

Männer reden eigentlich nie über so etwas. Ich bin immer wieder verblüfft über meinen Freund. Neulich sagte er zu mir: »Letzte Nacht hatte ich einen total verrückten Traum. Eine Halle war voller Menschen, und ich stand ganz allein oben auf der Treppe und trug als einziger eine blaue Krawatte. Dann ging ich in eine Ecke und aß eine Banane. Ist das nicht verrückt?«

Und dann denkt er nie mehr an diesen Traum. Er realisiert nicht, daß mein Verstand sofort auf Hochtouren läuft, wenn er das Wort 'Traum' erwähnt. Die Banane ist kein Problem. Die Treppe auch nicht. Was mich rasend interessiert, ist die blaue Krawatte. Das kann mich zwei Stunden kosten, aber wenn ich dann schließlich alles aufgedröselt habe, ist mir endlich klar, warum mein Freund in letzter Zeit so ungenießbar war.

Vor einiger Zeit hatte Martha Eheprobleme. Ihr Mann glaubte, sich in eine andere Frau verliebt zu haben. Obwohl Steve acht Jahre glücklich mit Martha verheiratet war, wollte er sie nun verlassen, aus der Stadt wegziehen, die Scheidung beantragen und seine neue Flamme heiraten. Martha war, verständlicherweise, wie von Sinnen. Sie lag Tag und Nacht auf ihrem Sofa, schluchzte und kippte Tequilas bis zur Bewußtlosigkeit. Ihre Freunde eilten herbei. Wir übernahmen ihre Verpflichtungen, saßen bei ihr und hielten sie in den Armen. Wir hörten ihr zu, stundenlang. Es war schwierig und anstrengend für uns alle, aber es mußte sein.

Eines Tages hatte ich Steve am Telefon. »Kann ich für eine Minute rüberkommen und mit dir reden?« fragte er. »Na klar«, sagte ich.

Er kam, setzte sich und sagte: »Ich weiß nicht mehr, was ich tun soll.«

»Was sagt denn dein Therapeut?« fragte ich.

»Therapeut? Was für ein Therapeut?« wunderte er sich. »Ich habe mit niemandem darüber geredet. Nicht mal mit einem Freund.«

Also redete er mit mir, und ich sagte ihm, daß er seine Frau liebt und gar nicht verlassen will. Daraufhin sagte er mir, daß das stimmt und verließ sie nicht. Alles war wieder okay.

Ist das zu fassen? Vielleicht ist Steve ein Extremfall, aber ich glaube nicht, daß ihr Jungs über eure Psyche redet. Ich glaube nicht, daß ihr eurer Psyche viel Aufmerksamkeit schenkt.

Und wenn ihr eurer Psyche keine Aufmerksamkeit schenkt, wird sie euch Streiche spielen und hinter eurem Rücken Dinge tun, die euch nicht gefallen. Sie bringt euch dann zum Beispiel dazu, daß ihr einen

Job verliert, den ihr behalten wollt, oder ihr verletzt unabsichtlich Leute oder ihr habt konfuse Träume von Bananen.

Ich behaupte nicht, daß jeder Mann sofort eine Therapie anfangen soll. Keineswegs. Drückt euch ruhig davor. Es ist euer Leben.

WORÜBER FREUNDINNEN REDEN

Was ihr schon immer befürchtet habt, stimmt. Frauen reden über Pimmelgrößen.

Wir reden über die Größe von Pimmeln, mit denen wir es gerade zu tun haben, über die, die wir mal kannten, und über solche, die wir nie kriegen werden. Es ist unser Lieblingsthema.

Gelegentlich wenden wir uns auch mal anderen Themen zu. Dann reden wir z.B. über den Tod oder über Frisuren. Vor kurzem kamen eine neue Bekannte und ich uns näher, als sie mir die Cunnilingusmethoden eines verflossenen Lovers detailliert schilderte. Danach sprachen wir darüber, wo man eine Lampe montieren lassen kann, über das Problem, mitten in der Nacht Pipi machen zu müssen, und schließlich über den Ärger mit Jalousien. Alles grundsätzliche Dinge.

Sind Männer so anders? Manche sagen ja, manche nein.

»Frauen haben eine beste Freundin oder sogar mehrere. Bei Männern ist das meistens anders«, sagte George.

»Ich habe einen besten Freund«, widersprach Nick. »Er heißt Robin und lebt in England.«

»Ein bester Freund in England zählt überhaupt nicht, du Schwachkopf«, sagte ich. Es war Sonntag, und wir drei gingen die 7th Avenue hinunter, auf der Suche nach der Liebe oder – wenigstens – einem Kaffee.

»Mit besten Freundinnen muß man täglich telefonieren. Zweimal täglich! Wenn sie sich am Telefon melden, sagst du niemals 'hallo'. Du sagst: 'Vielleicht geht es mir besser, wenn ich mir die Haare rot färbe.' Oder: 'Dieser Hurensohn kam eine Stunde zu spät.' Oder: 'Ich bringe mich um, und zwar sofort.'«

»Stimmt nicht«, protestierte Nick. »Ich liebe Robin wie einen Bruder, und wir sprechen nur zweimal im Jahr miteinander. Hier liegt der Unterschied zwischen Männer– und Frauenfreundschaften: 99% der Männer sind auf Aktivitäten aus. Sie unternehmen gemeinsam etwas und reden darüber, was sie zusammen tun wollen. Vielleicht sind beide begeisterte Schachspieler oder Hobbytischler ...«

»Das nenne ich Stammtisch–Freundschaften«, mischte George sich ein. »Männer können stundenlang Theorien über den Bürgerkrieg erörtern oder über Handicaps beim Golf. Oder über Börsenschwankungen, wenn sie Langweiler sind. Laßt uns in dieses Café gehen. Wir könnten uns ans Fenster setzen und scharfe Frauen beobachten.«

Es waren aber weit und breit keine scharfen Frauen zu sehen. Die Jungs tranken Espresso und redeten über ihre Gefühle, Beziehungen und Frisuren, deutlich bemüht, mir zu zeigen, wie sensibel sie sind.

Ich bin noch nie einem sensiblen Mann begegnet. Ich meine wirklich ernsthaft sensibel. Männer sind zu unkompliziert und direkt. Sie nennen die Dinge beim Namen. Details oder Nuancen nehmen sie aber kaum wahr oder gar wichtig. Männer sehen immer das Gesamtbild. Frauen setzen aus winzigen Details ein Mosaik zusammen.

Hier eine Unterhaltung zwischen zwei Freundinnen.

Laura: »Seine neue Flamme heißt Kelli. Mit einem 'i'. Auf das 'i' setzt sie einen kleinen Ring, nicht etwa einen Punkt.«

Beverly: »O mein Gott, bloß keinen Ring. Wo doch jeder weiß, was das bedeutet. Hat er denn nichts von dir gelernt? Wie kann er nur so unentwickelt sein?«

Laura: »Ich bin durchgedreht. 'Muriel oder sogar Phyllis könnte ich noch verstehen', schrie ich ihn an. 'Aber ein Flittchen namens Kelli?' Ich fand einen Zettel von ihr. Darauf stand: *Ich bin verliebt in dich! Kelli* – Kelli mit einem verdammten 'i'. Er versuchte, es damit zu entschuldigen, daß ihre Eltern sie so genannt hatten.«

Beverly: »Niemals! Das hat sie selbst verbrochen. Wahrscheinlich hieß sie ursprünglich Caroline.«

Laura: »Dann sagte dieser unsensible Klotz: 'Lieber Ringe über dem 'i' als unter den Augen.' Ich unterbrach meine Tirade, um ihm zu diesem Geistesblitz zu gratulieren. Dann schmierte ich ihm eine.«

Beverly: »Du bist noch nicht über ihn weg. Das höre ich aus allem raus.«

Dieser Dialog ist ein wichtiger Informationsaustausch, voller unterschwelliger Bedeutungen, pikant und geheimnisvoll.

»Ich komme da nicht mit«, sagte George ratlos. »Was ist schon ein Name!«

»Ich ging mal mit einer Stewardess aus, die Kelly hieß«, steuerte Nick bei.

»Trink lieber deinen Kaffee«, sagte ich zu ihm. »Und hör auf, das Mädchen mit den großen Titten anzuglotzen. Die will einen Mann mit Porsche und Eigentumswohnung. So was wie dich vernascht sie zum Frühstück.«

»Frauen!« stöhnte George. »Entweder seid ihr unzertrennlich, oder ihr haßt euch wie die Pest. Die Frau mit dem Superbusen sieht sehr nett aus.«

Die Frau mit dem Superbusen war ein Monstrum. Ein Profi! Kurz, eine Frau, die andere Frauen haßt. Normale Frauen können solch eine auf 50 Schritt Entfernung erkennen. Wir hassen sie und würden uns nie mit ihr befreunden. Profis wie diese wollen jeder anderen Frau die Augen auskratzen, weil diese andere Frau auf die Idee kommen könnte, sich an einen Mann mit Jaguar oder Jacht ranzumachen.

»Willst du etwa behaupten, daß Freundschaften wichtiger sind als Liebesbeziehungen?« fragte Nick.

»Freundschaften halten normalerweise länger als Beziehungen«, sagte ich. »Sie sind nicht unbedingt wichtiger, sind aber notwendiger. Wir Frauen brauchen viel gegenseitige Unterstützung. Irgend jemand muß mit Kleenexpackungen und Pralinen zu dir kommen, wenn ein Typ mit aufgeblasenem Ego dir sagt, daß es ihm wirklich leid tue, aber er nun mal mehr Freiraum brauche und außerdem gerade eine bombige

Stewardess namens Kelly kennengelernt habe. Freund-schaften sind die Familien der neunziger Jahre.«

»Es sei denn, es gibt zwischen euch einen Riesen-krach«, wandte George ein. »Wie neulich mit Brenda.«

»Ich konnte Brenda nicht mehr vertrauen«, sagte ich. »Sie wurde auf einmal passiv–aggressiv gegen mich. Ich glaubte ihr ihre Realität nicht mehr.«

»Wie? Was?« ächzten beide.

»Ein ganz wichtiger Teil der Freundschaft«, erklärte ich. »Realitätsvergleich. Frage ich zum Beispiel 'Bin ich verrückt, oder versucht mein Boß tatsächlich, meine Position mit Hilfe des Rechnungsprüfers zu unterminieren?', wird eine echte Freundin daraufhin viele Fragen stellen wie: 'Was trug dein Boß an dem betreffenden Vormittag? Hat er häusliche Schwierig-keiten oder vielleicht Magengeschwüre?' Sie bekommt die gewünschten Informationen, teilt mir ihre Ansicht mit, und ich kann ihr vertrauen. Solch ein Realitäts-vergleich ist von entscheidender Wichtigkeit.«

»Aber wenn es darum geht, deinen Videorecorder in Ordnung zu bringen, dann holst du mich«, sagte George.

Ja, dafür sind die Männer da!

DAMPF ABLASSEN

Mit ziemlicher Sicherheit erleben wir jetzt gleich den Zusammenbruch einer Kolumnistin. Ich habe mich bemüht, den Männern gegenüber nett, fair und verständnisvoll zu sein. Als *Playboy*-Kolumnistin gehört das schließlich zu meinem Job. Und ich war mir ziemlich sicher, daß ich die Männer im Grunde sehr schätze. Aber nun reicht's mir! Ich muß mir unbedingt Luft machen. Wer kann mir das verübeln? Ich lebe schließlich in New York City.

Wißt ihr, wie die Männer in New York sind? Sie sind ekelhaft und abscheulich. Sie sind blasiert, arrogant, narzißtisch und unreif. Sie sind miserable Liebhaber und schlechte Freunde. Ihr Freizeitvergnügen besteht darin, Frauen den Lebensmut zu nehmen. Zudem haben sie nichts zu bieten, was all das wieder wettmachen würde.

Und trotzdem suchen wir immer noch nach Entschuldigungen für sie.

Erster Fall: Joe. Vermutlich fiel Lily nur deshalb auf Joe herein, weil sie zuvor drei Jahre mit einem erzkonservativen Chauvi zusammengelebt hatte. Joe dagegen war mit allen Krimis von Robert Parker vertraut und hatte es raus, wie ein sensibler Junge zu wirken.

»Glaub mir, ich bin sehr sensibel«, erzählte er Lily, als er sie monatelang unermüdlich belagerte. Er paßte sie vor ihrem Haus ab oder seufzte am frühen Morgen sentimental in den Telefonhörer, daß er den Tag nicht überstehen könne, ohne sie zu sehen.

»Hast du denn keine Freundin?« erkundigte sich Lily.

Über Joes Gesicht zogen dunkle Wolken, und er erklärte ihr geduldig, daß er ausgezogen sei, obwohl seine Freundin ihn unbedingt zurückhaben wolle und sogar mit Selbstmord drohe. Er glaube nicht, daß er sie noch liebe. Jedenfalls sei er ganz sicher, daß sie ihn sexuell nicht mehr reize, fügte er hinzu und grapschte nach Lilys Brüsten.

Wir alle redeten Lily gut zu. Joe schien nicht nur einen richtigen Job zu haben, was ihn von ihren sonstigen Lovern unterschied. Er hatte uns auch völlig für sich eingenommen, indem er uns allen immer wieder beteuerte, wie sehr er Lily liebe.

Schließlich besuchte Lily Joe in seinem Büro und sagte ihm, daß sie sich nun doch in ihn verliebt hätte. Er bedrängte sie sofort und flehte sie an, auf der Stelle mit ihm zu bumsen. Lily empfand seine unterschwellige Gewalttätigkeit, die sie erschreckte.

Am nächsten Tag wollte Joe unbedingt mit ihr reden.

»Laß dich nicht auf mich ein, Lily. Ich bin nichts für dich«, sagte er und verzog sein Gesicht vor Kummer.

»Was soll das heißen, Joe?«

»Nun, es gibt noch eine andere«, gab er widerstrebend zu. Nein, nicht seine bisherige Freundin, sondern die Frau, mit der er zusammen war, bevor sie nach Boston zog. »Wir haben uns wirklich geliebt«, seufzte er.

»Ich weiß nicht, ob ich dich recht verstehe«, sagte Lily. »Seit Monaten bist du hinter mir her. Gestern sagte ich, daß wir's miteinander versuchen können. Daraufhin fällst du über mich her. Und heute erzählst du mir, daß du eine andere liebst.«

»Komisch, so was wie mit dir passiert mir immer wieder«, meinte Joe. »Ständig verlieben sich Frauen in mich. Sie finden mich aufregend und glauben, ich würde sie heiraten ...«

Nein, Lily hat ihm nicht die Kniescheiben zerschmettert. Stattdessen hatte sie häufig Alpträume, in denen sie schrie: »Ich dachte, ich könnte dir vertrauen!«

Liebe Leser, dies ist kein Einzelfall. Ich könnte euch 1000 Varianten obiger Situation beschreiben. Ihr gemeinsames Motto: »Bringe die Frauen dazu, dich zu lieben, und laß sie dann fallen wie eine heiße Kartoffel!«

Zweiter Fall: Trevor, der ohne seine Freundin nicht leben kann. Er hängt ständig am Telefon und will wissen, warum sie ihn rausgeworfen hat.

»Ich habe dich rausgeworfen, weil du zwei Jahre von meinem Geld gelebt hast und nicht mal bereit warst, den Abwasch zu übernehmen. Unter deinem Bett fand ich verschimmelte Thunfischsandwiches. Du hast deine eigene Wäsche gewaschen, aber nie meine. Du hast mir ständig erzählt, wie neurotisch, schwach und dumm ich sei. Du hast mir immer wieder gesagt, wie sehr du dich darüber wunderst, daß du es überhaupt mit mir aushältst. Du hast verlangt, daß ich zwanzig Pfund abnehme, um dir zu beweisen, daß ich dich liebe.«

Er: »Ich liebe dich so sehr. Ich werde mich ändern. Ich weiß, daß ich dich verletzt habe. Es tut mir leid.«

Diese Beteuerungen wiederholte Trevor Tag für Tag. Schließlich nahm sie ihn wieder bei sich auf. Und promt quält er sie wieder.

Dritter Fall: Bill, der die Nacht nach der Abtreibung seiner Freundin mit einer anderen Frau verbrachte und auch noch dafür sorgte, daß sie es erfuhr.

Vierter Fall: Frank, der verspricht anzurufen, es aber nie tut.

Fünfter Fall: David, der seine Mutter und seine Freundin gegeneinander ausspielt.

Sechster Fall: Stephen, der aus religiösen Gründen sein Sperma zurückhält.

Siebter Fall: Ted, der Ex–Ehemann, der fünf Jahre lang keinen Versuch machte, mit seinem Sohn Kontakt aufzunehmen, ihn nicht mal zu seinem Geburtstag anrief und seiner Frau auch dann noch keinen Dollar gab, als sie von der Sozialhilfe leben mußte. Der seinem Sohn eines Tages eine Postkarte schickte und versprach, von jetzt an jede Woche zu schreiben – und nie mehr schrieb.

Jetzt muß ich aufhören. Es ist ein schlechter Stil, das ungeschminkte, echte Leben mitten in eine Kolumne zu schmuggeln.

Aber ich empfinde eine sintflutartige Wut. Würde ich meinem Zorn freien Lauf lassen, könnte er ganz Manhattan zerstören. Ich rase vor Wut. Ich bin ein böses, wutschnaubendes Ungeheuer. Kommt mir nicht zu nahe!

Und jetzt folgt das Schlimmste: Wir Frauen dulden unsere Mißhandlung mit heimlichem Einverständnis. Wenn uns ein Mann mißhandelt, sagen wir nicht: »Friß Scheiße, krieche unter einen Felsblock und verrecke, du lahmer Wichser!« Wir sagen gar nichts. Wir gehen nach Hause und rufen unsere Freundinnen an.

»Rate mal, was er diesmal gemacht hat«, sagen wir.

»Mein Gott, was denn?« fragen sie.

»Er warf mir den Braten, den ich extra für ihn zubereitet hatte, ins Gesicht und verführte dann meine Nachbarin. Was soll ich bloß tun?«

»Oh, der arme Mann«, sagen sie »Er ist so total kaputt. Er tut das nur, weil er von dir so abhängig ist.«

»Er braucht dringend eine Therapie«, sagen wir. »Wahrscheinlich ist seine frühzeitige Sauberkeitserziehung daran schuld. Ich konnte seine Mutter noch nie leiden.«

»Genau. Er ist in seiner analen Phase hängengeblieben«, sagen wir. »Warum streichst du deine Wohnung nicht blaßblau? Das soll bei Männern mit frühkindlichem Trauma sehr positiv wirken.«

»Gute Idee! Meinst du, ich soll ihn anrufen?«

»Unbedingt! Es geht ihm sicher miserabel, dem Ärmsten.«

Und wir tun es tatsächlich! Wir rufen ihn an! Haben wir den Verstand verloren?

FRAUEN, DIE ZU SEHR LIEBEN

Ihr Männer solltet immer wissen, was Frauen gerade lesen. Sonst seid ihr furchtbar schockiert, wenn wir alle plötzlich auf eine völlig neuartige Weise mit euch umgehen.

Zur Zeit gibt es einen Super–Bestseller mit dem unappetitlichen Titel *Wenn Frauen zu sehr lieben*. Wohin ich auch komme, ist eine Frau gerade auf den ersten Seiten oder auf den letzten Seiten oder faßt gerade den Entschluß, diesen dicken Schmöker zu kaufen. »Du mußt ihn lesen!« sagten alle zu mir. »Er wird dein Leben verändern.«

»Niemals«, erwiderte ich, da ich alle Ratgeberbücher hasse. Ich finde nämlich, daß Ratgeberbücher ein Widerspruch in sich sind. Bücher sollten nur zum Vergnügen gelesen werden. Bücher werden gelesen, damit man in die Seele eines anderen schlüpfen und in seinen Gedanken leben kann. Sich von einem humorlosen Schwachkopf etwas mit dem Titel *Wie ich mein Leben leben soll* vorlabern zu lassen, entspricht nicht meiner Vorstellung von Lektüre.

Schließlich kaufte ich mir *Wenn Frauen zu sehr lieben*, um die allgemeine Begeisterung zu verstehen. Ich ging mit dem Buch ins Bett und bereits auf Seite 15 war ich total gefesselt, nickte ständig zustimmend und stopfte mich mit Sonnenblumenkernen voll. Ich litt mit Jill, mein Herz blutete für Trude, ich fühlte mich wie eine zweite Lisa und identifizierte mich bis zur totalen Selbstaufgabe mit Melanie. Ich entdeckte, daß ich das Opfer einer Krankheit bin: Ich bin süchtig nach Liebe.

Der Grundgedanke des Buches lautet, daß viele Frauen ihre unglückliche Kindheit noch einmal durchleben, indem sie ihre Lebensumstände so konstruieren, daß sie die von ihren Müttern und Vätern geschaffenen Verhaltensmuster wiederholen können. Sie werden z.B. süchtig nach beleidigendem, zerstörerischem Verhalten, weil dies das einzige ursprüngliche Verhalten ist, das sie kennen, das ihnen von Anfang an vertraut ist. Die Autorin, Robin Norwood, eine ernsthafte Protestantin, ist davon überzeugt, daß die Liebessucht auf die gleiche Weise geheilt werden kann wie der Alkoholismus: indem man Programme befolgt, wie sie von den *Anonymen Alkoholikern* ausgearbeitet wurden.

Therapie hilft gar nichts, behauptet Robin Norwood, und mir war elend zumute. Wenn man nicht eisern die zehn Schritte zur Heilung befolgt, ist man ein hoffnungsloser Fall, schreibt sie weiter. Am liebsten wäre ich gestorben. Wochenlang fühlte ich mich mies. Schließlich wandte ich mich an Rita, die inzwischen Mitglied der A.A. war, während wir nebeneinander im Fitness-Center in die Pedale traten.

»Sie sagt, wir müßten mindestens einmal pro Woche in die Gruppe gehen. Sie sagt, wir kriegen dieses Problem sonst nie in den Griff, nicht mal mit Hilfe eines Therapeuten. Wo treffen sich denn die Anonymen Liebenden? Ich hab' noch nie von einem solchen Kurs gehört.«

»Dann gründe doch selbst eine solche Gruppe«, schlug Rita vor.

»Wann denn? Um zwei Uhr früh, wenn ich endlich mein Tagespensum erledigt habe? Ich gehe in die Therapie, ich gehe zum Fitness-Training, ich besuche Kurse in der Alexander-Technik, ich muß mich um die Zahnprobleme meines Sohnes kümmern, ganz zu schweigen von meinem Haushalt und meiner Karriere. Wo soll ich die Zeit hernehmen?«

»Deine eigene Heilung muß an erster Stelle stehen«, erwiderte Rita unerbittlich.

Aber ich habe keine Lust, in einem Raum mit vielen Leuten, die nur ihre jeweiligen Vornamen kennen, herumzusitzen und zu jammern: »Heute morgen hat er mich wieder angerufen und gesagt, daß er mich heiraten will. Aber ich weiß, daß er das nur sagt, weil er weiß, daß ich ihn nicht will.« Das käme mir so würdelos vor!

Als ich gerade dabei war, mich wieder einigermaßen zu beruhigen, redeten alle auf mich ein, die *Intimate-Partners*-Artikel im November- und Dezemberheft von *Atlantic* zu lesen. Ich erfuhr, daß alle meine

Probleme mit Liebesbeziehungen gelöst wären, wenn ich endlich damit aufhören würde, die versteckten Seiten meiner Persönlichkeit auf meine Partner zu projizieren.

»Also, ich weiß nicht recht«, sagte ich zu meiner Freundin Cleo, die ganz begeistert über diese neuen Erkenntnisse war. »Ich kann mich damit nicht identifizieren. Ich weiß, vermutlich bin ich nur blockiert – aber ich habe das Gefühl, daß ich diesem Strickmuster nicht entspreche.«

»Oh, ich schon«, sagte sie im Brustton der Überzeugung. »Ich bin eindeutig die Hysterikerin, die auf den distanzierten Männertyp fixiert ist. Da besteht gar kein Zweifel. Vielleicht kriege ich meinen Freund dazu, die Artikel auch zu lesen ...«

Sie kriegte ihn dazu, und es entbrannte ein mörderischer Streit darüber, wer was auf wen projiziert. Ich war schwer beeindruckt von der Differenziertheit dieser Auseinandersetzung, da ich es bisher nicht einmal geschafft habe, einen Mann so weit zu bringen, daß er wenigstens zugibt, ein Unbewußtes zu haben.

Ich würde gern ein Buch über Frauen schreiben, die sich zu viel mit dem Unbewußten beschäftigen. Ich habe im Moment den Eindruck, daß Frauen ständig lesen, nachdenken, sich quälen und nach Mustern suchen, um in die tiefsten Abgründe des Unbewußten vorzudringen, während die Männer wie eh und je am Vergaser herumbasteln und dabei munter vor sich hin pfeifen. Was ich wirklich will, ist ein psychologisch versierter Mann, der meine von diesen Büchern und Artikeln definierten schweren Neurosen spielend meistert und mich samt ihnen trotzdem liebt.

Immerhin habe ich durch diese Lektüre herausgefunden, nach welcher Art von Mann ich Ausschau halten muß: Nach einem Mann, der mich nicht durch Leidenschaft erregt und mich vor Sehnsucht und Lust erbeben läßt, sondern nach einem Mann, der mein Partner ist, der mich schätzt, der mich unterstützt und keine Angst vor seinen Gefühlen hat.

Daß so einer der Richtige wäre, erkenne ich daran, daß ich dagegen die gleiche Aversion habe wie gegen Bohnenkeimlinge. Ich will Mallomars, und ich will Männer, die Schwierigkeiten machen!

Ich bin darauf nicht besonders stolz, aber so ist es nun mal. Zum Teufel! Ich hab's satt, mich zu bemühen und Ausschau zu halten und mein Innerstes nach außen zu kehren. Es wird zur Zeit zuviel Seelenforschung betrieben, und das geht mir auf die Nerven. Mag schon sein, daß ich liebessüchtig bin, da meine Kindheit chaotisch und gräßlich war. Aber ich weiß auch, daß ich ein Opfer der Umstände bin, und die Umstände sind im Moment sehr hart für Frauen, die noch vor einem Jahrzehnt Freiheit und Gleichberechtigung über die Sicherheit von Beziehungen stellten. Heute sind die Umstände so, daß die Wahrscheinlichkeit – statistisch gesehen – größer ist, von Terroristen erschossen zu werden als friedlich zu heiraten. Ich sage, die Zeiten sind beschissen, und wenn es nicht anders geht, dann lebe ich eben allein.

Jetzt lese ich *Anna Karenina* und fühle mich prompt viel besser. Tolstoi schreibt: »Jede unglückliche Familie ist auf ihre Weise unglücklich.« Das heißt, daß ich nicht in ein Muster passen muß. Anna Karenina sagt: »Wenn es stimmt, daß es ebenso viele

Gehirne wir Köpfe gibt, dann gibt es auch so viele Arten von Liebe, wie es Herzen gibt.«

Wem soll ich nun glauben? Robin Norwood oder Tolstoi?

KONKURRENZKAMPF

In prähistorischen Zeiten, lange vor dem Feminismus, sollen Frauen einander die Augen ausgekratzt und an den Haaren gezogen haben, wenn es um Männer ging. In den Büros inszenierten sie gemeine Verleumdungskampagnen gegen andere. Wenn sie einer Freundin Komplimente machten wie: »Phantastische Frisur, Gladys«, dann sah Gladys garantiert wie ein zerrupftes Huhn aus. Sie stahlen sich gegenseitig Rezepte oder Ehemänner und waren, einfach nur zum Spaß, immer gemein zu ihren Geschlechtsgenossinnen.

Ganz anders sieht es in unserem aufgeklärten Zeitalter des Feminismus aus. Die Frauen helfen und unterstützen einander. Den Mann einer anderen Frau würdigen sie keines Blickes. Sie lassen sogar Rendezvous mit Männern platzen, weil ihnen ihre Freundinnen viel wichtiger sind. Sie gründen PMS-Beratungsservices, sie lieben sich, sie küssen sich, sie weinen und lachen miteinander und summen leise *Gemeinsam sind wir Frauen stark* vor sich hin, bevor sie selig einschlummern.

Meine persönliche Wirklichkeit sieht allerdings anders aus.

Zugegeben: In Gruppen waren Frauen nie besonders auf Konkurrenz aus. Erst die Männer brachten uns dazu, uns gegenseitig die Augen auskratzen, indem sie uns unterdrückten. (Wir sind heute noch unterdrückt, wenn auch nicht mehr ganz so schlimm wie früher.) So etwa nach der Devise *Divide et impera*, was soviel heißt wie: Stifte Unfrieden unter denen, die du beherrschen willst!

Nicht, daß Männer per se bösartige Unterdrücker sind. Sie waren nur über lange Zeit hinweg unangefochten das herrschende Geschlecht. Doch eines Tages bekamen sie Angst, die Frauen könnten sich zusammentun und solidarisieren. Denn das ist die einzige Waffe der Unterdrückten! Dann wäre der Teufel los.

Also fabrizierten Männer Bücher, Stücke, Filme und TV–Shows, die das Stereotyp von rücksichtslosen, scharfkralligen Damen verbreiten. (Manche Autorinnen folgten diesem Beispiel; am stärksten Clare Boothe Luce: Sie imitierten ihre Unterdrücker.) Auf lange Sicht war das allerdings vergeblich, denn wir Frauen haben inzwischen einen ganz ansehnlichen Grad an Solidarität erreicht.

Es ist jedoch nicht zu verleugnen, daß Frauen gegeneinander konkurrieren. Wir haben es schon immer getan – und wir werden es immer tun. Aber wir finden es schrecklich und tun es daher selten direkt.

Ich sollte das nicht sagen, weil ich euch Männern damit eine Waffe in die Hand gebe. Aber es gibt zwei Attribute, die eine Frau schwer treffen. Das eine ist *unprofessionell*. Wir hassen es, wenn man es uns zuordnet. Es beunruhigt uns zutiefst, und wir reagieren unverzüglich launisch und gereizt. Das zweite Attribut heißt *konkurrierend*. Das hassen wir noch mehr, denn es macht uns konfus, mürrisch und defensiv. Frauen können mit Konkurrenz nicht umgehen. Sie haben es noch nie gekonnt.

Männer können es, einigermaßen. Zumindest haben sie Übung darin. Sie waren im Fußballverein, sie haben Handball gespielt und vielleicht sogar geboxt. In der Pubertät sind sie dazu ermutigt worden, sich gegenseitig zu verhauen.

Währenddessen haben wir unseren Puppen eine Tasse Schokolade gekocht. Unser Konkurrenzdenken kam sporadisch in passiv-aggressiver Form an die Oberfläche. Noch heute erinnere ich mich mit Schaudern an zwei Vorfälle aus meiner Kindheit. Einmal schnitt ich meiner besten Freundin den Pony zur Hälfte ab. Ist das nicht bescheuert? Ein anderes Mal rannte ich in der Pause zu einer Jungsgruppe und flüsterte: »Stellt euch vor, Sally hat heute ihre Periode bekommen.« Ich spüre heute noch den Schreck und die Schuldgefühle, die meinen kleinen Körper schüttelten, als mir klar wurde, was ich getan hatte.

Bei erwachsenen Frauen läuft Konkurrenzdenken zwischen Freundinnen immer noch versteckt und unterschwellig ab. Ich hatte mal eine gute Freundin, die mich – wie ich erst nach einiger Zeit herausfand – nur dann mochte, wenn es mir schlecht ging. Sie fand es unerträglich, wenn es mir gut ging. Denn dann fühlte sie sich verunsichert und bedroht. Eine andere Frau erzählte bei jeder Gelegenheit abscheuliche Dinge über ihre beste Freundin (»Natürlich sähe Judith viel besser aus, wenn sie sich das Fett von den Schenkeln saugen ließe.«). Das Konkurrenzdenken war bei dieser Frau so stark ausgeprägt und dabei aber so unbewußt, daß sie Judith fassungslos anstarrte, als diese ihr heftige Vorwürfe machte. Sie konnte sich an den Vorfall nicht mal mehr erinnern.

Aber wir konkurrieren nicht um Männer. Na ja, vielleicht tun wir's doch. Auf eine mehr generelle Weise. Auf Parties hassen wir natürlich ein hübsches Mädchen, das von Männern umschwärmt ist. Es besteht auch die ganz kleine Möglichkeit, daß wir uns gegenseitig giftige Bemerkungen über sie ins Ohr flüstern. Ist dieses hübsche Mädchen jedoch humorvoll, freundlich und fair und kein auf Männer fixierter Alptraum, dann drücken wir sie an unseren Busen, laden sie zum Essen ein und erkundigen uns, ob sie vielleicht Brüder hat.

Wir sind nie hinter den Freunden unserer Freundinnen her. Das ist die wichtigste Regel bei Frauenfreundschaften. Verstößt eine Frau gegen dieses Gesetz, wird es sofort publik. Und zwar innerhalb von Sekunden. Dazu braucht es nicht mal ein Telefon. Die Information wird auf telepathischem Weg übermittelt, und die betreffende Frau ist für den Rest ihres Lebens eine Geächtete. Frauen werden es nie zulassen, daß die eine der anderen den Mann stiehlt. Selbst bei Ex-Lovern kann das Zoff geben.

Ich war mal mit einem Mädchen essen, das gegen diese Regel verstoßen hatte. Das arme Schaf speiste unwissentlich ausgerechnet mit den drei engsten Freundinnen der Frau, deren Mann sie sich angeln wollte. Bei Dinnerende war sie Hundefutter. Wir hatten sie total fertiggemacht. Sie war in Tränen aufgelöst und brachte kein vernünftiges Wort mehr hervor. Doch das war uns egal. Sie hatte es nicht besser verdient.

Auch aus Frauen, die Sex einsetzen, um ihre Karriere zu fördern, machen wir Hackfleisch. Vor kurzem hatte ich einen überaus anregenden Abend mit einigen Kolleginnen. Wir zerfetzten eine Frau in der Luft, die ihre jetzige Stellung (mittleres Management im Verlagswesen) der Tatsache verdankte, daß sie einer Reihe von einflußreichen Männern einen geblasen hatte. Wir blühten geradezu auf.

Doch insgesamt scheuen wir vor offener Konkurrenz zurück. Stattdessen haben wir seltsame Träume, in denen sich eine gute Freundin in ein schuppiges Monster verwandelt hat, und – ist das etwa ein Maschinengewehr, was wir in der Hand halten?

Wir wissen nämlich alle, was Konkurrenz ist. Auf einer Ebene geht es nur darum, mehr geliebt zu werden als alle anderen, die Beste und die Klügste zu sein. Aber im Grunde geht es um Überleben und Blutdurst und »Tod unseren Feinden!« Es ist leichter, so zu tun, als wäre das alles gar nicht so.

VON MARGARITAS UND
MÄNNERN

»Gieß mir noch einen Margarita ein, Darling«, sagte
Rita. »Ich sterbe vor Durst.«

Ich hatte eine ganze Karaffe mit Margaritas vorbereitet und erfüllte Rita ihren Wunsch.

»Ich liebe solche improvisierten Essen«, sagte Jean,
die gerade eine gewaltige Portion von Schinkenauflauf
und ihren vierten Margarita wegputzte. Dann rülpste
sie selig.

Wir alle rülpsten, kratzten uns und schmatzten vor
Vergnügen. Da keine Männer in der Nähe waren,
ließen wir uns so richtig gehen. Wann immer ich nach
Los Angeles komme, organisieren meine Freundinnen
zu meiner Begrüßung ein Frauenfest, auf dem wir uns
betrinken, über Jobs, Politik, weitreichende philoso-
phische Themen, Maisbrotrezepte und gelegentlich
auch über Männer diskutieren.

Heute standen zwei Themen auf der Tagesordnung, die mit Männern zu tun hatten: Marjories Bruch mit Charles, und Lurenes Affäre mit einem New Yorker Künstler.

Marjorie hatte so viel getrunken, daß sie es für einen originellen Einfall hielt, sich Brokkolistreifen in die Nase zu stecken.

»Wißt ihr, was dieser Mistkerl zu mir sagte?« schnaubte sie. »Dieser miese kleine Winkeladvokat besaß die Frechheit, mir bei einem seelenvollen Blick in die Augen zu erklären, daß es an der Zeit sei, mich wegen einer Anderen zu verlassen. Denn er habe es in seiner Karriere schon zu etwas gebracht und sei es müde, an eine Frau gebunden zu sein, die noch um ihren Erfolg kämpfen muß.«

Wir kreischten und quietschten vor Empörung und warfen Maisbrot in die Luft.

»Männer!« knurrte Jean.

»Nicht Männer, sondern Anwälte«, konstatierte Lurene.

»Nicht Anwälte, sondern Los Angeles«, verbesserte Rita.

»Sei froh, daß du ihn los bist«, versicherten wir Marjorie.

Sie glaubte uns. Das hinderte sie allerdings nicht daran, in Tränen auszubrechen. Eine dieser blitzschnellen Stimmungsschwankungen unter Alkoholeinfluß.

»Ich weiß, daß ich ohne ihn besser dran bin«, schniefte sie. »Ich weiß alles. Ich weiß, daß Charles genau wie mein Vater ist, oberflächlich, unsicher und statusgeil. Außerdem weiß ich, daß ich ihn eigentlich gar nicht zurückhaben will. Ich will nur *gewinnen*. Und ich weiß, daß ich in einem halben Jahr vermutlich drüber weg bin. Vor allem weiß ich, daß Charles möglicherweise das ekelhafteste, bösartigste und schwachsinnigste Scheusal dieser Stadt ist, in der es buchstäblich von widerlichen Mißgeburten wimmelt. Aber – paßt jetzt gut auf – dieses Wissen ist nur ein kleines Trostpflaster. Ich will das alles gar nicht wissen, sondern ich will nichts weiter als eine schöne Zeit haben. Ich will einen perfekten, hinreißenden Mann, der mich anbetet, mir täglich zwei Dutzend Rosen schickt und mir so viele Babies macht, wie ich will. Ich scheiß aufs Wissen. Ich will glücklich sein.«

»Trink noch einen Margarita, Schätzchen«, schlug Rita vor.

»Und wie geht's dir, Lurene?« erkundigte ich mich.

Lurene seufzte. »Wie ihr wißt, bin ich vor einigen Monaten aus Freds Appartment ausgezogen.«

»Wir lieben Fred«, sagte Rita.

»Ja, wir lieben Fred«, sagte Lurene. »Und Fred liebt mich. Und weiter? Ich langweilte mich zu Tode. Es war alles so friedlich. Ich weiß, ich weiß«, schrie sie, als wir sie schweigend anstarrten. »Ich bin verrückt, aber das ist mir egal. Ich habe eine kleine Wohnung gefunden und diesen New Yorker Künstler kennengelernt.«

»Was für einen Künstler?« fragte Jean.

»Na ja, er macht zur Zeit Graffiti. Und ist Mitbesitzer einer Galerie in East Village.«

»Wie heißt er?«

»Jimmy.«

»Wie alt?«

»Sechsunddreißig.«

»Schon mal verheiratet?« piepste Marjorie, die kurz aus ihrer Trunkenheit auftauchte.

»Nein.«

»Geld?«

»Nicht viel.«

»Was heißt nicht viel?« bohrte Jean nach.

»Na ja, gar keins. Seine frühere Freundin unterstützt ihn finanziell.«

»Lurene!« riefen wir im Chor.

»Er will sich ändern«, fügte sie hastig hinzu.

»Wann hat er sich von seiner früheren Freundin getrennnt?« fragte jemand.

»Vor drei Wochen. Er ist in L.A., um darüber hinwegzukommen.«

»Ich wette zehn zu eins, daß sie ihm das Ticket bezahlt hat«, sagte Rita.

Niemand nahm die Wette an. Wir schauten Lurene vorwurfsvoll an. Sie hat sich mit einem Außenseiter der Gesellschaft eingelassen. Kein fester Wohnsitz, kein festes Einkommen. Solche Männer sehen immer auf eine lässige Weise gut aus und sind häufig Ex-Junkies. Manchmal reden sie von ihren Seelenqualen, manchmal von ihren Motorradunfällen. Das Leben ist für einen solchen Freak ein ständiger Zusammenbruch. Er muß ständig gerettet werden. Abwaschen tut er nie. Mitunter kann er mal sensibel sein. Total verliebt in sich selbst. James Dean.

»Oh Gott!« stöhnte Lurene und vergrub ihr Gesicht in den Händen. »Ich brauche die Gefahr. Mein Herz muß vor Angst und Aufregung bis zum Hals klopfen. Ich will nicht wissen, was als Nächstes passiert. Mir ist klar, daß er nichts taugt. Er wird gemein zu mir sein, er wird mir das Herz brechen. Trotzdem, ich brauche die Gefahr.«

»Lurene, sei kein Trottel«, sagte Jean.

»Wir alle lieben die Gefahr, Honey«, sagte Rita vermittelnd. »Für mich ist sie ein Lebenselixier. Aber es gibt bessere Möglichkeiten, Gefahren zu genießen, als du es gerade tust. Du schießt nämlich auf dem Beifahrersitz eines außer Kontrolle geratenen Autos eine Bergstraße hinunter – geradewegs auf eine Haarnadelkurve zu.«

»So ist es nicht«, wimmerte Lurene.

»Mach dir nichts vor«, fauchte ich sie an. »Lurene, du hast viel zuviel auf dem Kasten, um durch deine Männer leben zu müssen. Du willst Gefahr. Schaff sie dir selbst.«

Lurene warf mir einen tückischen Blick zu. »Wer hat mich letztes Jahr völlig aufgelöst angerufen und mir die Ohren von einem Rock'n Roll Sänger vollgeblubbert? Du bist mit ihm durch die Gegend gezogen und hast dir Dessous von Frederick's of Hollywood kaufen lassen.«

»Mindestens drei Jahre her«, korrigierte ich. »Ein kleiner Fehltritt, weiter nichts.«

»Hol dir deine Aufregung aus deiner Arbeit, Lurene«, schlug Rita vor. »Du bist eine richtige Malerin, im Gegensatz zu ihm.«

»Stürze dich in deiner Arbeit in Abgründe. Such deine Risiken in deinem Arbeitsleben und nicht in deinem Liebesleben«, sagte ich.

»Ach, laßt sie doch endlich in Ruhe, ihr selbstgerechten Prinzessinnen«, murrte Marjorie.

DER SENSIBLE MANN

Ich leide, wie viele Frauen meiner Art, an einer Nick–Nolte–Manie. Ich kann einfach nicht genug von ihm kriegen. Seine rauhe Stimme, die Verwirrung in seinen Augen und selbst sein behäbiger Körperbau wecken in mir immer seltsame Gefühle. Ganz besonders liebe ich sein Schulterzucken. Wenn dieses Zucken sprechen könnte, würde es sagen: »Ich habe keine Ahnung, was eigentlich los ist, und wenn ich es wüßte, wäre es mir vermutlich scheißegal.«

Ich mag es, wenn ich bei einem Mann Existenzangst spüre. Es gibt mir das Gefühl, daß er weiß, was Sache ist. Es geht eine gewisse Geborgenheit und Behaglichkeit von einem Mann aus, der stark genug ist, um seine Verletzlichkeit zu zeigen. Robert de Niro zeigte sie in *Die durch die Hölle gehen* und Dustin Hoffman eindrucksvoll in *Tootsie*.

Allerdings sind Nick, Robert und Dustin Filmstars. In ihrem Privatleben gleichen sie vielleicht farblosen

Pappnasen, die den ganzen Tag gelangweilt Golf spielen und sich nur noch freuen können, wenn sie in der Liste der Publikumslieblinge drei Punkte zugelegt haben.

Ich weiß jedenfalls, daß wir es in letzter Zeit vorwiegend mit einer unechten Empfindsamkeit bei Männern zu tun haben. Es scheint eine Epidemie zu sein. Und es gibt nichts, was die Frauen mehr aus der Fassung bringt, als solch ein Pseudo–Held. Gestattet mir, ihn kurz vorzustellen:

Der sensible Mann *leidet*. Wenn er erfährt, daß mal wieder irgendwo ein Tierbaby mißhandelt wurde, zeigt sein verzerrtes Gesicht, welch heftige Gefühle in ihm toben. Berichte über Hungersnöte in Indien setzen ihm derart zu, daß er sich ins Bett legen muß. Tagelang.

Der sensible Mann *kümmert* sich um alles. Hast du zu deinem Geburtstag von niemandem Geschenke bekommen? Der sensible Mann eilt sofort mit Blumen herbei. Zahnschmerzen? Der sensible Mann weiß, was du durchmachst, er kennt es aus eigener Erfahrung. Berufsprobleme? Der sensible Mann weiß genau, was für Bastarde die Männer im Konkurrenzkampf sein können.

Der sensible Mann ist *verständnisvoll*. Er hat eine gräßliche Scheidung hinter sich, den Tod eines geliebten Menschen, er kennt die Probleme einer Schriftstellerin, der nichts einfällt. Er kann sich total einfühlen.

Der sensible Mann *empfindet*. O Gott, wie stark er empfindet! Manchmal weiß er gar nicht, wohin mit seinen Gefühlen. Manchmal sind sie so übermächtig, daß sie ihn zu zerreißen drohen – und sie tun es tatsächlich. Der sensible Mann weiß, daß er weinen darf. Und er tut es bei jeder passenden und unpassenden Gelegenheit.

Doch nicht genug damit. Der sensible Mann ist *wohlwollend*. Und er gibt immer sein Bestes. Er weiß, daß er nicht perfekt ist und zeigt seinen Ärger ...

Der sensible Mann ist eine widerliche Kreatur! Jemand sollte ihm Bambusspäne unter die Fußnägel rammen! Seinen Job soll er verlieren, sein Vermieter soll ihn vor die Tür setzen. Meine Abscheu geht so weit, daß ich ein fröhliches Lied anstimmmen würde, wenn er mausetot umfallen würde.

Ich wäre nicht die einzige. Hört euch die folgende Unterhaltung an, die vor wenigen Tagen in einer Bar in Manhattan geführt wurde.

John: »Neulich kam ein Typ an und forderte mich auf, einer Männergruppe beitzutreten.«

Cynthia: »Männergruppe? Was für eine Art Männergruppe?«

John: »Hatte irgendwas zu tun mit dem besseren Verständnis für die Unterdrückung der Frau.«

Sharon: »Tschuldigung, ich fürchte, ich muß mich übergeben.«

Leslie: »Du hast ihn abgewimmelt, stimmt's? Ich würde dir nicht raten, dich in einen dieser schleimigen, empfindsamen Typen zu verwandeln.«

Sharon: »Bloß nicht! Mein erster Ehemann wurde plötzlich so einer. Auf einmal benahm er sich, als würde er mir einen großen Gefallen tun, wenn er mir alles aus der Hand nimmt. Außerdem weinte er morgens in sein Müsli und behauptete, daß Weizenkörner ihn depressiv machen.«

John: »Ich sagte dem Kerl, er soll Leine ziehen. Nach meiner Erfahrung sind Männer Chauvis – und zwar alle! Eine Frau sagte mir das, und ich glaube ihr. Genauso wie alle Weißen Rassisten sind, auch wenn sie es nicht sein wollen. Also, ich bin ein Chauvi. Aber da ich es weiß, achte ich darauf, es nicht zu übertreiben und mich nicht zu blöd zu benehmen.«

Sharon: »Kennt ihr diesen Alex, dessen Familie viel Geld hat? Von einem Tag auf den anderen engagierte er sich für die Rechte der Väter. Sein revolutionäres Konzept: Er nimmt Videos von Männern während der Geburt ihrer Kinder auf. Als die Frau meines Bruders ein Baby bekam, kreuzte Alex mit einer überaus sorgenvollen und mitfühlenden Miene auf und fragte: 'Wie fühlt er sich?' Damit meinte er meinen Bruder.«

Cynthia: »Kein Wort über die Frau? Oder über das Baby? Ich würde ihn rausschmeißen!«

Leslie: »Ich hasse diese neue männliche Sensibilität.«

John: »Ich auch.«

Sharon: »Ich auch.«

Ich auch. Und ich werde euch verraten, warum. Das ganze ist nämlich eine simple Tarnung. Im Grunde ist dem sensiblen Mann alles scheißegal. Aber er findet die richtigen Worte, er beherrscht sämtliche griffigen Phrasen, denn er hat sich die gesamte feministische Literatur reingezogen. Doch wer ihm zufällig während einer seiner gefühlstriefenden Ausbrüche in die Augen schaut, wird eine glasige, berechnende Kälte entdecken. Und er wird mit einem Schaudern erkennen, daß sich der gute Mann lediglich beliebt machen will. Noch deprimierender ist die Tatsache, daß der sensible

Mann nicht nur die Frauen, sondern auch seine eigene Männlichkeit betrügt.

Ich erzähle euch jetzt eine abscheuliche Begebenheit: Als ich elf Jahre alt war, bekam meine beste Freundin, Dede, ihre erste Menstruation. Und wißt ihr, was ich, die schäbige Kreatur, die ich war, tat? Ich rannte zu Johnnie Taylor, den ich damals anbetete, und erzählte ihm alles. Warum? Weil ich mich mit den Jungs identifizieren wollte, ihnen zeigen wollte, was für ein cooles Mädchen ich bin.

Das ist das Lieblingsspiel des sensiblen Mannes. Er kann es kaum erwarten, dir in Worten und Gesten zu demonstrieren, was für Schweine die anderen Männer sind und wieviel besser er ist.

Versteht mich bitte richtig. Ich meine nicht, daß die Männner wieder auf ihre alten unterdrückerischen, chauvinistischen Verhaltensweisen zurückgreifen sollen, das ist ja wohl klar.

Aber ich finde, daß jeder Mann sofort damit aufhören sollte, herauszuposaunen, wie großmütig, edel, empfindsam, fair und so weiter er ist. Tut lieber was, als darüber zu reden. Tragt dazu bei, Kindertagesstätten einzurichten. Bringt euer Kind mal zur Schule und pflegt es, wenn es krank ist. Putzt den Boden oder heuert eine Putzfrau an. Und redet dann nicht darüber.

Wirkliche, echte Verletzlichkeit verlangt viel Mut. Beispielsweise die Fähigkeit, mit den Zähnen zu knirschen, tief Luft zu holen und dann ehrlich zu gestehen, daß es dich umbringen würde, wenn deine Freundin mit einem anderen ins Bett ginge. Oder daß du Angst davor hast, von ihr verlassen zu werden. Oder, daß du zwar befürchtest, der größte Idiot der

Welt zu sein, ob sie dich aber bitte vielleicht trotzdem lieben könnte? Tough stuff.

Nick, Robert und Dustin sind von Beruf Schauspieler. Sie bekommen Tonnen von Geld dafür bezahlt, daß sie diese wunderbare Verletzlichkeit so perfekt simulieren können. Amateure sollten aber besser die Finger davon lassen.

DAS WENDY SYNDROM

Dann flog das Fenster auf wie früher, und Peter sprang herein. Er sah genauso aus wie bei seinem letzten Besuch und hatte auch noch seine Milchzähne, wie Wendy gleich bemerkte.

Er war ein kleiner Junge, und sie war erwachsen. Eine große, erwachsene Frau.

Peter Pan

Bis zu den Knien stehe ich in Pfandbriefen. Vor meinem linken Ellenbogen türmt sich ein Stapel Bankauszüge, rechts von mir tut sich ein heilloses Durcheinander von Steuerformularen auf. Ich bin von meiner Arbeit so absorbiert, daß ich weder das plärrende TV noch den beißenden Rauch von dem verbrannten Toast wahrnehme. Selbst der insistente Piepton des Rauchdetektors hat keine Chance, zu mir durchzudringen. Um diese Trivialitäten sollen sich gefälligst die anderen Bewohner dieses Haushalts kümmern. Ich habe eine Aufgabe.

Befremdlicherweise breche ich allerdings immer wieder in Tränen aus. Leider wirken diese Ausbrüche nicht so attraktiv wie bei Bette Davis, sondern erinnern eher an Shirley Temple auf Drogen: laut, von Schluckauf unterbrochen und voller Selbstmitleid.

So jäh die Tränen einsetzen, versiegen sie auch, und ich beschäftige mich wieder mit Zins und Zinseszins. Das geht nun schon seit Tagen so. Mein Sohn hat mir bereits angedroht, mich von den Männern in weißen Kitteln holen zu lassen.

Sollen sie mich doch holen, sage ich. Sollen sie mich ruhig in eine Klinik stecken, die *Sonnenseite des Lebens* oder so ähnlich heißt. Wo Schwestern mich morgens wecken und abends zu Bett bringen. Wo das aufregendste Ereignis des ganzen Tages das Korbflechten ist. Wo ich mich wenigstens nicht mit dieser zermürbenden Ambivalenz des Erwachsenseins herumquälen muß.

In letzter Zeit hört man häufig vom Peter–Pan–Syndrom. Das P.P.S. betrifft Männer. Männer, die nicht erwachsen werden und Verantwortung übernehmen wollen. Männer, die sich nicht binden wollen. Männer, die eine Lebensform, die von ihnen verlangt, mit Anzug und Krawatte fünf Tage in der Woche ins Büro zu gehen, als gemeinen Betrug und Schwindel ablehnen, weil das nicht dem entspricht, was sie vom Leben erwarten und deshalb einfach nicht fair ist.

Aber auch wir Mädchen haben Peter Pan gelesen. Wenn nicht, dann haben wir zumindest den kitschigen, unglaublich sexistischen Walt–Disney–Film gesehen,

der den armen J.M. Barrie garantiert bei jeder Vor-
führung im Grab rotieren läßt. Wir haben alles über
Peter, die verschwundenen Jungs und Kapitän
Hook gelesen. Und obwohl wir Mädchen waren, sehn-
ten wir uns danach, wie Peter zu sein – fröhlich,
unschuldig, herzlos und immer auf Abenteuer aus.
Doch im tiefsten Herzen wußten wir, daß wir dazu ver-
urteilt waren, wie Wendy zu sein.

Beschäftigen wir uns einen Moment mit Wendy:
Peter nahm sie ins Never–Never–Land mit, wo sie für
ihn und die anderen Jungen die kleine Mutter spielen
sollte. Wendy erledigte brav alle typischen Mutter-
pflichten – nähen, putzen, kochen und sich um die
Kranken kümmern. Immer pochte ihr Herz schneller
vor Sorge und Angst. Nicht etwa um sich selbst, sondern um Peter, John, Michael und die anderen.

Gegen Ende des Buches ängstigte Wendy sich
sogar um ihre Eltern. Die Ärmsten! Sicher vermissen
sie ihre Kinder ganz schrecklich. Also schleppte sie
die vermißten Jungs und ihre Brüder zurück in ihr
schönes, behagliches und sicheres Heim in London.
Doch Peter wollte dort nicht bleiben. Wendy versuchte
es mit allen Tricks, aber er wollte einfach nicht. Also
sah sie es als ihre Pflicht an, mit Peter wieder ins
Never–Never–Land zurückzukehren, weil er doch so
dringend eine Mutter brauchte.

»Auch du brauchst eine Mutter«, sagt Wendys Mutter,
und Wendy blieb in London. Allerdings nur unter der
Bedingung, daß Peter versprach, sie jedes Jahr zu
besuchen, damit sie wenigstens seine Frühjahrs-
wäsche erledigen könnte. Und er hielt sein Versprechen
einige Jahre, bis er sie völlig vergaß.

Machen wir uns nichts vor: Wendy ist ein Jammerlappen. Von Schuldgefühlen geplagt und lächerlichen
Konventionen verhaftet. Sie ist nicht mal fähig, zu
einer Fee »Bäh!« zu sagen. Ständig muß sie gerettet
werden.

Tief im Inneren jeder modernen, selbstbewußten
Frau von heute steckt eine Wendy, die heraus will.

Zur Zeit verhandle ich erfolgreich über den Kauf
einer neuen Wohnung. Jeden Penny der Kaufsumme
habe ich durch blut- und schweißtreibende, ehrliche
Schreibtischarbeit selbst verdient. Eine Leistung, auf
die ich stolz sein könnte. Eigentlich müßte ich vor
Freude tanzen.

Doch ständig kommt mir Wendy in die Quere. Ich
schließe meine Augen und sehe ihr trauriges, sorgen-
volles Gesicht vor mir.

»Du solltest das nicht *selbst* tun müssen«, tadelt sie
mich. »Jemand anders sollte für dich sorgen.«

Aber wer, Wendy? Wer soll sich um mich und meine
Belange kümmern? Du meinst wohl kaum Peter, der
immer noch seine Milchzähne hat, oder?

Auf der Suche nach einem eventuellen Retter trabe
ich durch meine Wohnung, stoße auf einen kleinen
Jungen, der seine Mathe–Hausaufgaben macht und
breche in Tränen aus.

Es ist eine traurige Angelegenheit, von diesen
Mädchenträumen Abschied nehmen zu müssen. Aber,
sehen wir den Tatsachen ins Auge: Wendy ist nicht
nur ein Jammerlappen, sondern zudem eine Masochi-
stin. Wer passiv sein Schicksal erwartet, ist psychisch
nicht lebensfähig.

Das versuche ich Wendy immer wieder aufs Neue klarzumachen. (Splitter von Wendys Bewußtsein stecken nämlich für immer in mir.)

Ich: »Verzieh dich, du dummes Stück.«

Wendy: »Das meinst du doch nicht ernst, meine Liebe. Du siehst etwas fiebrig aus. Laß mich deine Stirn fühlen.«

Ich: »Ich kann für mich selbst sorgen.«

Wendy: »Nein, meine Liebe. Das kannst du nicht. Keine von uns kann das. Das wäre nicht feminin.«

Oft glaube ich ihr sogar. Ich bin dann überzeugt, daß weiblich zu sein bedeutet, sich um andere zu kümmern: Dafür zu sorgen, daß sie satt, gewaschen, warm angezogen und ihre Seelen getröstet sind.

Aber hinausgehen in die große, unbekannte Welt? Mit solchen Ungeheuern wie Bankmanagern ringen? Ich?

Jawohl, ich! Ich habe eine Aufgabe. Ich muß erwachsen werden – mit oder ohne Peter. Wann immer ich daran zu zweifeln beginne, denke ich an meine Mutter – die bis zu den Zehenspitzen eine waschechte Wendy war. Sie kümmerte sich immer um alle, sie stellte jeden Abend das Essen auf den Tisch. Als sie dreiundfünfzig war, hat Dad sie verlassen. Dad trägt ein Goldkettchen und geht mit sieben verschiedenen Frauen aus – ein waschechter Peter Pan. Mom arbeitet als Sekretärin und kommt kaum über die Runden.

Das kommt davon, wenn man Kindermärchen auf den Leim geht.

Ich habe mir eine gute Strategie ausgedacht. Die Lösung all meiner Probleme! Ich engagiere einen Steuerberater für den Steuerkram und einen Buchhalter für die Rechnungen. Einen Investmentberater, der mir sagt, was ich mit meinem Geld anfangen soll, und einen Anwalt, der den Kaufvertrag regelt. Trotzdem kann ich ja weiterhin die Zinsentwicklung verfolgen und die Wirtschaftsseiten der Zeitungen überfliegen. Es macht mir Spaß, mich auf dem Finanzmarkt auszukennen. Es ist sogar, wie jeder Aspekt, der mit Macht zu tun hat, aufregend.

Meine Berater werden für mich sorgen, und ich kann weiter Kind bleiben. Da ich sie jedoch bezahle, bin ich insgeheim doch eine Erwachsene. Das braucht aber keiner zu wissen.

»Sorge vor allem dafür, daß sie immer etwas Warmes in den Magen bekommen«, flüstert Wendy in mein Ohr.

SPIELCHEN

»Cleo, du bist begehrt, du bist mit vielen Männern befreundet. Treibst du mit ihnen ab und zu mal Spielchen?«

»Spielchen?« Cleo schaute mich so verdattert an, als spräche ich serbokroatisch. »Skat? Monopoly? Trivial Pursuit?«

»Nein, nein, nein. Läßt du dich beispielsweise von einem Mann anrufen, um einen anderen, der gerade bei dir ist, eifersüchtig zu machen? Besprühst du dein Kopfkissen mit Rasierwasser oder tust so, als hättest du schon eine andere Verabredung, obwohl es gar nicht stimmt? Solche Spiele meine ich. Spiele, um die Eifersucht anzustacheln.«

»Bevor oder nachdem ich meine Wahl getroffen habe?« erkundigte sich Cleo.

»Kommt schnell her!« schrie Rita von einem anderen Gang herüber. »Gelbe Schuhe!«

Wir arbeiteten uns die Madison Anvenue hinunter. Überall war Ausverkauf, die einzige Zeit, in der wir uns diese Gegend leisten konnten. Wir fanden Rita, die sowieso schon groß ist, und nun in hohen gelben Pumps auf und ab stolzierte.

»Ich werde sie kaufen«, verkündete sie.

»An deiner Stelle täte ich es nicht«, meinte Lucy. »Du bist sowieso größer als dein Freund, und mit diesen Schuhen wirst du wie Gulliver auf Reisen aussehen. Kauf dir lieber flache.«

»Scheiß–Flache«, konterte Rita.

»Meinst du *das* mit Spielchen?« erkundigte sich Cleo bei mir. »Nicht größer sein als dein Freund? Keine hohen Absätze tragen?«

»In gewisser Weise ja«, antwortete ich. »Oder nein, eigentlich nicht. Oder vielleicht doch. Aber eigentlich meine ich diese kaltblütigen, genau geplanten, hoch-komplizierten Spielchen. Wenn du herumsitzt und dir Sachen ausdenkst, von denen du hoffst, daß sie einen Mann in der Wahnsinn treiben.«

»Oh, an so was kann ich mich gut erinnern«, sagte Lucy vergnügt. »War es nicht großartig, ein Teenager zu sein? Wie wir die ganze Nacht am Telefon hingen und raffinierte Schlachtpläne ausheckten, die demonstrieren sollten, wie wenig *er* uns interessiert. Wir taten so, als hätten wir schon andere Dates. Wie wir so oft vor *seinem* Haus mit dem Freund aus dem Boxclub unseres Bruders vorbeischlenderten, bis er uns garantiert gesehen hat. Es war so herrlich grausam! Ich suche übrigens pinkfarbene Schuhe. Soll ich die hier mal anprobieren?«

»Manche erwachsenen Frauen treiben angeblich immer noch derartige Spielchen«, deutete ich geheimnisvoll an. »Ich habe Gerüchte gehört, daß diese Taktiken, um Männer zu manipulieren, immer noch eingesetzt werden. Es fällt mir verdammt schwer, das zu glauben. Wer würde solchen Unsinn tun?«

»Eigentlich habe ich ja schon sieben Paar pinkfarbene Schuhe«, überlegte Lucy laut. »Meint ihr, acht Paar sind übertrieben?«

»Ich glaube«, mischte Rita sich wieder in die Debatte, »es hat was mit der inneren Reife zu tun, welche Art Spielchen man spielt oder ob man lieber ganz darauf verzichtet. Manche Leute haben mit zweiundvierzig noch die Seele eines Teenagers. Für die dreht sich nach wie vor alles um die Jagd und darum, wer gewinnt. Kurz – um das liebe Ego.«

»Die verdrängen völlig, daß sie mit dem Einfaltspinsel leben müssen, nachdem sie ihn so raffiniert eingefangen haben«, sagte Cleo. »Dies war das Hauptproblem mit meinem Ex–Ehemann. Laßt uns weitergehen.«

Im nächsten Laden schauten wir zu, wie sich Rita in einem orange gemusterten Overall vor dem Spiegel drehte.

»Grauenhaft«, sagte ich ehrlich. »Als Rothaarige mußt du doch nicht ausgerechnet orange tragen. Versuch's mit grün.«

»Herbert liebt orange«, verteidigte sich Rita. »Außerdem sagte er, daß ihn Overalls scharf machen.«

»Du bist eine merkwürdige Frau, Rita«, sagte ich, als Cleo in einem schwarz–lila Seidenkleid ankam, in dem sie wie in einer Wurstpelle steckte.

»Sehe ich sexy aus?« fragte sie.

»Durchaus«, meinte Lucy. »Sexy wie eine Schlampe.«

»Hervorragend«, sagte Cleo. »Nun erzähle ich euch die Geschichte von meinem Ex–Ehemann zu Ende. Ich bin fest davon überzeugt, daß du selbst den störrischsten und unzugänglichsten Mann kriegen kannst, wenn du ihn wirklich willst. Wenn du langsam und unermüdlich daran arbeitest, wird er irgendwann schwach. Mein Ex–Ehemann war der Schlimmste von allen. O–Ton: 'Hey, Baby, ich bin ein freier Mann. Versuch nicht, mich einzusperren.' Aber ich ließ und ließ nicht locker, bis ich ihn schließlich vor dem Altar hatte. Ein katastrophaler Fehler!«

»Warum?«

»Weil ich ihn eigentlich gar nicht wollte. Aber ich hatte mich derart in meinen Eroberungsdrang hineingesteigert, daß ich schließlich selbst gefangen war. Nicht mal unser Sex war sonderlich gut. Er war kalt, langweilig und öde. Dauernd quatschte er vom guten alten Rock'n Roll und jammerte, daß er ständig von allen Leuten reingelegt wird. Was paßt zu diesem Kleid? Schwarze Spitzenstrümpfe?«

»Ja, die könnten das Lila erträglicher machen«, meinte Lucy. »Du findest also, daß man mit dem richtigen Mann keine Spielchen spielen muß?«

»Hahaha«, sagte Rita. »Erinnert ihr euch an Juanita? Als sie Richard kennenlernte, war sie fünfzehn und er fünfundzwanzig. Fünfzehn Jahr später hat sie ihn endlich geheiratet. Das war sieben Jahre, nachdem ihr gemeinsames Kind zur Welt kam. Ich weiß noch, wie Richard in New York lebte und sie in Boston, weil sie sich mal wieder getrennt hatten. Doch sobald sie von irgend jemandem erfuhr, daß Richard an einer anderen Frau auch nur interessiert war, tauchte sie in New York auf und wedelte mit ihrem Verlobungsring vor seiner Nase herum. Sie verlobte sich während ihrer Beziehung zu Richard mit drei anderen Männern und brachte jeden von ihnen dazu, ihr einen Verlobungsring zu schenken. Schließlich feierte sie mit Richard eine pompöse Hochzeit in der katholischen Kirche von Santa Fé. Das Mädchen wußte, was es wollte.«

»Soll das heißen, daß es ganz okay ist, Spielchen zu treiben, solange du sicher bist, daß es der richtige Mann ist?« erkundigte sich Lucy.

»Ich muß unbedingt an den Hüften abspecken«, rief ich aus der Ankleidekabine, wo ich verzweifelt versuchte, sie in Stretchhosen zu zwängen. »Also, ich finde solche Spielchen infantil. Wichtiger ist es, nicht zu drängeln. Kein Mann mag es, wenn er dich gleich in der Tasche hat. Ich hasse es ja auch, wenn ich unablässig mit Mondaugen angehimmelt werde und einer sich anbietet wie Sauerbier.«

»Genau«, stimmte Cleo zu. »Sie könnten sich ebenso für den Ayatollah begeistern oder für Charles Manson. Bei solchen Männern fühlt man sich nicht mehr als was Besonderes.«

»Aber ich mag keine genau kalkulierten Spiele«, sagte Lucy. »Spiele von der Art, die andere verletzen. Natürlich ist es toll, wenn ich mit einem Typen nach Hause komme und auf meinem Anrufbeantworter mehrere Anrufe von anderen Männern finde. Aber ich würde das niemals inszenieren. Da käme ich mir gemein und schäbig vor.«

»Außerdem kann so was leicht zum Selbstschuß werden«, meinte Rita. »Falls mir etwas derartiges in der Wohnung eines Mannes passiert, bin ich garantiert entmutigt und gehe.«

»Was ist bloß aus Wahrheit und Aufrichtigkeit geworden?« fragte ich.

»Oh, das war eine Erscheinung der siebziger Jahre«, meinte Lucy abfällig. »Damals erzählte man sich gleich alles in den ersten Minuten der Beziehung. Ich finde, Wahrheit und Aufrichtigkeit sollten ein langsamer Prozeß in der Entwicklung einer Beziehung sein.«

»Das ist vermutlich die Ursache dafür, daß viele Frauen inzwischen von Klamotten mehr fasziniert sind als von Männern«, rief ich, indem ich mich gegen die Stretchhose entschied.

AIDS PARANOIA

Hier ein typischer New Yorker Abend unter heutigen Singles: Wir sitzen herum, reden über diesen Film und jenes Restaurant, vielleicht über eine kaputte Beziehung und über die Babies, die alle möglichen Leute heutzutage kriegen. Irgendeiner sagt dann etwas darüber, daß er sexuell ausgehungert sei, ein anderer fügt hinzu, daß wir eben in einer sexuell ausgehungerten Ära leben, und wir nicken alle und jammern den angenehmen Zeiten nach, als sexuelle Beziehungen sich aus einem Augenblick heraus entwickelten. Und – völlig unvermeidlich – schon erwähnt jemand AIDS.

Ich ahne immer schon im voraus, wann das gräßliche Thema auftauchen wird. Mein Herz beginnt sofort schneller zu klopfen, und in meinem Kopf schreit es: »Nein, nein, nein! Wechsel schnell das Thema!«

Weil ich weiß, was geschehen wird. Wir werden alle in einen Abgrund aus Angst und Schrecken plumpsen und nicht mehr rausklettern können. Das passiert natürlich nicht sofort. Zunächst umtänzeln wir das Problem und sind ganz zuversichtlich, daß wir diesmal nicht runtergezogen werden.

»Tja«, sagt – sagen wir mal – Harry. »Es kommt mir alles so kompliziert vor. Ich meine, wer fragt schon gern nach Bluttests oder nach ärtzlichen Befunden.«

»Und ich mag einfach keine Kondome!« sagt Melanie.

»*Du* magst keine Kondome? Haha!« ruft Fred. »Dann stell dir mal vor, ein Mann zu sein. Es fühlt sich an, als würdest du durch einen Duschvorhang vögeln.«

»Es ist eine Plage«, sagt Ruth. »Wir leben in einer Zeit der Plagen. Mit Syphilis war es ähnlich, bevor das Penicillin entdeckt wurde.«

Bisher ist alles okay. Noch ist keiner ausgeflippt. Aber es kommt garantiert ...

»Manchmal bilde ich mir ein, AIDS zu haben«, sagt Melanie.

»Ich auch«, sagen wir, und es klingt wie ein Chor. Und schon ist es soweit! Unsere Gesichter werden bleich, wir starren blicklos vor uns hin, wir sind in unserer Privathölle gelandet. Furcht und Abscheu. Viele von uns denken, sie werden bald sterben, viele denken, sie haben es nicht anders verdient.

Ich denke es auch. Meine Privathölle sieht so aus: Das Gesicht meiner Mutter taucht auf und flüstert: »Ich weiß, du wirst ein braves Mädchen sein.« Dann zischt mein Vater, ein dunkler Geist, mir zu: »Schaff die Jungs aus dem Haus! Schlampe!« In der Ferne sehe ich meine elfjährige Freundin Phyllis, die meinem zehnjährigen Ich erzählt: »Der Mann pinkelt der Lady in den Hintern, und so werden die Babies gemacht.«

Ich schrecke zurück und dann sehe ich mich selbst in den Armen von hundert Liebhabern; meine Beine um muskulöse Männernacken geschlungen, zuckend und schwitzend. Und ich weiß, ich werde für meine Sünden sterben.

Ich kenne einen Mann, der mit vier Frauen ins Bett geht, aber bei keiner einen hochkriegt.

»Hast du vielleicht Angst vor AIDS?« fragte ich, worauf er nicht mehr mit mir redete.

Ich kenne eine Frau, die nachts schreckensstarr aus AIDS–Alpträumen hochfährt.

Ich kenne eine Dreiundsechzigjährige aus einem Vorort, die ihren Lover mal mit einem Freund sah und nun überzeugt ist, infiziert zu sein.

Ich kenne zwei Frauen, die den Test machen ließen, obwohl manche Ärzte denjenigen, die zu keiner Risikogruppe gehören (die keine Junkies oder Schwule oder wilde Herumbumser sind und auch keine Bluttransfusionen bekamen) davon abraten, da die Ergebnisse häufig irreführend sind. Ich mochte diese Frauen, doch jetzt würde ich ihnen am liebsten die Augen auskratzen. »Wir dürfen auf keinen Fall hysterisch werden«, sagen sie mit mahnend erhobenem Zeigefinger. Da ihre Tests negativ waren, treten sie plötzlich als die großen Expertinnen auf.

»Erzähl mir nichts von Hysterie! Du hast dir vor Angst in die Hosen gemacht, bevor du die Testergebnisse bekamst!« schrie ich eine der beiden an.

Ich kenne mehr Leute als ihr ahnt, die sich in einem Moment, in dem etwas Angenehmes geschieht – eine neue Liebe, eine Gehaltserhöhung – fest einbilden, sie hätten sich irgendwo AIDS geholt.

Die Realität ist schlimm genug. Es gibt massenhaft Gründe, deprimiert und ängstlich zu sein. Bekannte und enge Freunde sterben ... Aber etwas anderes kommt noch hinzu. Die Realität vermengt sich mit Phantasien, die durch sexuelle Schuldkomplexe und Ängste blühen und gedeihen.

Im vergangenen Sommer starb mein Freund Seth, den ich sehr mochte. Ich saß stundenlang bei ihm im Krankenhaus und erschrak immer wieder über seinen Gesichtsausdruck, wenn er einfach so ins Leere starrte.

Nach Seths Tod steigerte ich mich in einen tobsüchtigen Streit mit meinem besten Freund. Reiner Irrsinn! Doch keiner von uns beiden wurde mit dem Zorn und dem Schuldgefühl fertig, die mit Seths Tod über uns kamen. Hinterher versackte ich in einer tiefen Depression. Ich war sicher, sterben zu müssen, war sicher, AIDS zu haben. Ich machte Ferien auf dem Land, fuhr durch zauberhafte Gegenden und dachte ständig nur über mein bevorstehendes Ende nach.

Erst Wochen später begriff ich, daß meine eigenen Schuldgefühle diese Furcht hervorriefen. Ich hätte mehr für Seth da sein müssen! Ich bestrafte mich selbst für mein Versagen. Als ich dann mit mehreren Leuten, deren Freunde auch gestorben waren, darüber sprach, berichteten sie, daß sie ganz ähnliche Seelenqualen durchgemacht hatten.

Auch die Medien tragen zur allgemeinen Hysterie bei. Schaut euch TV–Nachrichten an, lest Zeitungen oder Zeitschriften, und ihr seid überzeugt, daß es mit der Menschheit aus und vorbei ist. Statistiken sind da leider kein gutes Gegenmittel. Zwar scheint die

Anzahl der Neuerkrankungen nicht rapide zu steigen, doch das fällt bei uns allen kaum ins Gewicht. AIDS ist unheimlich und damit ein »Nachrichtenhit«, so daß unser Massenbewußtsein sozusagen AIDS-toll ist.

Ich will hier keineswegs propagieren, die Kondome wegzuwerfen und nach Belieben mit jedem zu vögeln. Natürlich *müssen wir vorsichtig sein!* Wenn aber starke irrationale Ängste von euch Besitz ergreifen, dann betreibt mal ein bißchen Innenschau. Macht euch ruhig Gedanken darüber, welch schreckliches Stigma ein Leiden hat, das mit Promiskuität und abweichenden sexuellen Praktiken assoziiert wird. Macht euch über eure eigene Vergangenheit, eure eigene sexuelle Entwicklung Gedanken. Sexuelle Unterdrückung und Schuldgefühle gibt es immer noch. Selbst nach der angeblichen sexuellen Revolution sind wir alle noch immer davon überzeugt, im Grunde ganz schlimme Perverslinge zu sein.

Wie leicht kann man vergessen, daß Sexualität die Quelle unserer Lebendigkeit ist, etwas, das uns motiviert, Gottes biologischer Trick, um die Menschen zu erhalten – und nicht etwa eine gemeine, schmutzige Angelegenheit.

Nur weil wir gelegentlich auf Teufel komm raus gevögelt und uns nicht allzu strikt an die jüdisch-christliche Ethik gehalten haben, bedeutet das noch lange nicht, daß wir den Tod verdienen. Wir verdienen es vielleicht, unseren guten Ruf zu verlieren, oder auch, daß man uns auf die Finger klopft, aber wir verdienen nicht einen Virus, der unser Immunsystem ruiniert. Sex ist gut. AIDS ist schlecht. Statt Hysterie brauchen wir Mitgefühl und Seelengröße. Wir müssen unermüdlich daran arbeiten, eine Heilmöglichkeit zu finden, einen Impfstoff. Wir müssen aufhören, den Opfern von AIDS die Schuld zu geben, sondern sollten vielmehr ihr tragisches Schicksal beklagen.

Nur so können wir unsere Lebendigkeit retten.

ERFOLG

Setzt euch lieber hin. Denn ich werde euch jetzt vielleicht schockieren.

Ich möchte ein Mann sein! Da staunt ihr, was?

Euch quellen die Augen heraus, stimmt's? Seit Jahren, denkt ihr, lamentiert dieses Weib darüber, wie toll die Frauen sind, wie phantastisch der Feminismus ist und welch armselige Würstchen die Männer sind. Und plötzlich möchte sie ein Mann sein!

Also, ich habe über mein Leben nachgedacht und mir dann vorgestellt, wie mein Leben aussähe, wenn ich ein Mann wäre. Wenn ich ein Mann wäre, ginge es mir prächtig.

Was meine Karriere betrifft, kann ich mich als Frau nicht beklagen. Ich habe so viel zu tun, daß ich Aufträge ablehnen muß. Ich trete gelegentlich im Fernsehen auf und manchmal halten mich sogar Leute auf der Straße an, um mir zu sagen, daß sie meine

Sachen gut finden. Ich lebe in einer netten Wohnung in Manhattan und kann auch meistens meine Miete bezahlen. Das alles ist für eine Schriftstellerin schon sehr befriedigend.

Aber im Moment – an einem Samstagabend um elf Uhr – sitze ich prämenstruell aufgedunsen herum und stopfe Schokolade in mich hinein, weil ich einsam bin. Als ich vorhin runterging, um die Sonntagszeitung zu kaufen, habe ich zu viele Pärchen gesehen, die sich verliebt in die Augen schauten. Hier sitze ich mit einem zwei Zentimeter langen dunklen Haaransatz in meiner ansonsten rotblonden Mähne, weil ich nicht nur mit einem Abgabetermin in Verzug bin, sondern weil auch mein Sohn ständig seelische und sonstige Unterstützung braucht, da er Klassensprecher werden will und deshalb alle möglichen ausgefallenen Kurse belegt ... Deshalb kam ich noch nicht dazu, zum Frisör zu marschieren.

Vor kurzem sah ich den Film *Baby Boom*, der mich ganz verrückt machte. Da gibt es eine Szene mit Diane Keaton, wo sie als erfolgreiche Yuppie–Frau eine Beförderung angeboten bekommt. Ihr Boß versucht, ihr den Job auszureden. Er sagt: »*Ich* kann beides haben. Ich habe eine Frau, die sich um mein Heim und meine gesellschaftlichen Verpflichtungen kümmert. Also kann ich Karriere und Familienleben haben. *Sie* können das nicht.«

»Ich will nicht beides«, erwidert Diane Keaton.

Noch schlimmer wird es, als Diane Keaton Sam Shepard trifft. Sie wacht nach einer Ohnmacht im Schnee auf und schaut direkt in Shepards köstliche Fresse.

An diesem Punkt fing ich an, in mein Popcorn zu wimmern. Sie verabreden und küssen und verlieben sich, und ich winde mich wie eine Geistesgestörte im Sessel. Ich kann das nicht ertragen.

»Warum nicht?« fragte mein Freund Alan, mit dem ich mein Popcorn teilte.

»Warum? Weil sie Sam Shepard kriegt. Ich will Sam Shepard haben. Warum kriege ich ihn nicht?«

»Es ist doch nur ein Film«, sagte Alan.

Das war mir auch klar. Und glaubt bloß nicht, daß ich nicht wußte, wie lächerlich ich war, als ich im Kino saß und von romantischen Gefühlen für einen Filmstar überwältigt wurde.

Am schlimmsten geht es mir so gegen 3 Uhr morgens, wenn ich bis zur Bewußtlosigkeit gelesen, das Buch endlich weggelegt und das Licht ausgeknipst habe. Dann nämlich kann ich für einen Moment nicht verdrängen, daß da niemand im Nebenzimmer vor dem Fernseher sitzt oder sich noch ein Sandwich macht, bevor er ins Bett kommt. Niemand will sich mit mir verabreden.

Okay, das klingt melodramatisch, aber es ist nun mal so, daß seit Monaten kein Mann mehr was von mir wollte. Ich gehe auf Parties, doch keiner bittet mich um meine Telefonnummer, keiner lädt mich zu einem Drink ein, keiner flirtet mit mir, keiner will mit mir Händchen halten. Das ist doch absurd!

Wenn ich ein Mann wäre, ein Mann, der so erfolgreich ist wie ich, dann würden sie Schlange stehen. Ich würde auf Cocktail–Parties gehen und nur mit den Fingern schnippen: »Du da! Fahr mich nach Hause und mach mir Essen! Wenn ich danach in guter Laune bin, gibt es vielleicht Sex.« Und sie würden mitmachen.

Ich weiß, es ist wahr, weil alle meine Freunde mir sagen, daß es wahr ist. Bei ihnen kommen die Frauen wie vom Fließband. Wenn eine nicht spurt, nicht hübsch oder talentiert oder jung genug ist, dann nehmen sie einfach eine andere.

Aber an mir ist keiner interessiert.

Ich habe eine Freundin, die mir schon seit Monaten verspricht, mich mit einem Medienmenschen bekannt zu machen.

»Hör mal«, sagt sie. »Dieser Typ verdient einen Haufen Geld. Nett ist er auch. Und er ist auf der Suche nach einer Ehefrau.«

Jedesmal, wenn ich diese Worte höre, sinkt mir das Herz. Ich kann keine Ehefrau sein. Ich weiß einfach nicht, wie. Im letzten Jahr habe ich allerhöchstens sechsmal gekocht. Wie man Fußböden saubermacht, ist mir nach wie vor unklar. Wenn ich einen neuen Duschvorhang kaufen muß, gerate ich in Verwirrung. Doch selbst wenn ich all das tun könnte, hätte ich nicht die Zeit, es zu tun. Ich bin mit Arbeit überhäuft. Welcher Mann würde mich also wollen?

Wäre ich ein Mann, ich würde mich auch nicht wollen. Ich würde mir einen ruhigeren, häuslichen Typ in einem hübschen Kleid aussuchen. Eine Frau, die für mich die Teekanne vorwärmt, wie ich es gern mag, die die Kinder bittet, leise zu sein, weil Daddy arbeitet und unter schrecklichem Zeitdruck steht und sie ihm deshalb nicht mit lächerlichen Problemen auf die Nerven gehen dürfen. Liebesgeschichten beginnen mit Leidenschaft, mit Geständnissen und zauberhafter

Intimität. Doch wenn sie gut enden, dann enden sie mit harmonischer Häuslichkeit.

Ich liebe diesen ganzen Kram. Ich liebe das Gefühl, das mich überkommt, wenn ich in der Küche stehe und für einen hinreißenden Mann Spiegeleier brate. Und – ich geniere mich fast, es zuzugeben – mit meinem Lover im Supermarkt einkaufen zu gehen, entspricht meiner Vorstellung äußersten Glücks.

Aber all das sehe ich nicht in meiner Zukunft, da ich meine Arbeit nicht aufgeben und mich auch nicht in eine andere Person verwandeln kann. Mir liegt mehr die chaotische Häuslichkeit von Männern. Ihr kennt das doch, wenn die ganze Familie vergnügt und aufgeregt ist, weil Dad ausnahmsweise mal kocht? Sie kauft ihm sogar eine lustige Schürze. So eine sollte ich mir auch zulegen. Und mir wird ganz selig zumute bei dem Gedanken, daß andere mich stärken und unterstützen. Als Mann wäre ich ein perfekter Partner.

Manchmal kriege ich Post von euch Lesern. Einige Briefe sind richtig gemein, so in dem Stil von »Haha! Ihr seid euch so schlau vorgekommen, mit eurem Feminismus! Seht nur, was es euch eingebracht hat! Jetzt habt ihr eure Unabhängigkeit, aber wir wollen euch nicht mehr haben. Wir halten uns lieber an junge Mädchen, die unsere Socken waschen. Mit freundlichen Grüßen, Mike.«

Du hast ganz recht, Mike. Du willst mich nicht, und das kann ich dir nicht verübeln. Andererseits sage ich aber auch: Ach, scher dich doch zum Teufel, Mike! Ich bereue nichts. Mir geht's schlecht, weil ich zu den ersten gehöre, und ich glaube, daß die Frauen meines Alters ein Opfer für die Zukunft sind. Mein junges

Monster, mein geliebter Sohn, und seine Freunde, von denen viele mit alleinlebenden Müttern aufwuchsen, haben seit ihrer Geburt ohne traditionelle Rollenmuster gelebt. Folglich wird es für unsere Töchter nicht so schwer werden. Sie haben weit bessere Chancen »beides zu bekommen«.

Was immer das auch heißen mag.

IM SEELENLOCH

I don't know whether to kill myself or go bowling.
Florence Henderson in »The Love Boat«

Draußen ist es stockfinster, mitten am Tag, und in mir hat sich klamm und eisig ein tristes Grau breitgemacht. Ich kann es nicht aus meinem Kopf vertreiben, meine Augen haben große Mühe, sich zu koordinieren.

Meine Arme und Beine sind zu schwer, um sich zu bewegen. Wenn ich in die Küche gehen könnte, um Kaffee zu machen, würde ich es tun. Es gibt kein Buch, das mich zum Lesen reizt, kein Mensch, mit dem ich sprechen möchte, nichts, das meine bewegungslosen Hände beschäftigen könnte.

Liebe, Haß oder sonstige starke Gefühle empfinde ich nicht mehr. Sie scheinen einem anderen Leben anzugehören. Mich haben jedoch nicht alle Gefühle verlassen: Von der Brust bis zur Leistengegend durchzieht mich ein konstanter, dumpfer, quälender Schmerz. Ein Schmerz, der scheinbar schon immer da war und immer da sein wird. Ich möchte tot sein.

»Sieh dir diese schamlose Schlampe an! Liegt um drei Uhr nachmittags in ihrem zweitbesten Nachthemd im Bett!« schimpft Rita beim Eintreten.

»Erbärmlich«, höre ich Cleo ihr zustimmen, die als nächste in der Tür erscheint.

»Schätzchen. Wann hast du dir das letzte Mal die Haare gewaschen?« fragte Rita.

»Wie zum Teufel seid ihr hier reingekommen?« will ich wissen. »Haut ab! Verpißt euch!«

»Ich habe ganz einfach meinen Schlüssel benutzt«, sagt Cleo. »Wie du dich vielleicht erinnerst, gehst du schon seit einiger Zeit nicht mehr ans Telefon. Das ist eine todsichere Methode, um Aufmerksamkeit auf sich zu ziehen.«

»Steh auf. Stell dich unter die Dusche«, kommandierte Rita.

Ich fing an zu weinen. Es gibt also doch jemanden, der sich um mich kümmert!

»Was ist bloß los mit mir?« jammerte ich. »Ich glaube, ich habe einen Nervenzusammenbruch. Ich bin so durcheinander und ängstlich und unglücklich. Ich liege den ganzen Tag nur herum und werde immer tiefer und tiefer in einen schwarzen Strudel gezogen. Manchmal versuche ich mich aufzuraffen und einen kleinen Spaziergang zu machen. Doch kaum trete ich vor die Tür, klopft mir das Herz bis zum Hals, und ich habe Angst, einen Herzanfall zu bekommen und zu sterben.«

»Du hast Liebeskummer«, sagte Cleo.

»Du hast zu lange mit den Abgründen der Seele geflirtet«, meinte Rita. »Und jetzt bist du reingestürzt. Es ist höchste Zeit, wieder rauszukommen. Klettere diese Felsen wieder hoch. Brich dir dabei die Fingernägel ab und mach dir die Hände schmutzig. Aber halte durch.«

»Am besten holen wir Jake zu Hilfe«, sagte Cleo. »Er wird sie wieder zur Vernunft bringen.«

»Mit Freundinnen wie euch braucht man wahrlich keine Mutter«, antwortete ich. »Außerdem habe ich keinen Liebeskummer.«

»Ohne Liebeskummer läßt keine Frau ihre Haare so verwahrlosen«, sagte Rita unerbittlich.

Im tiefen Morast meiner Misere empfand ich ein warmes herzliches Gefühl. Was für Freundinnen! Cleo sortierte die Leichen aus einem halbtoten Blumenstrauß. Rita betrachtete mich mit ängstlicher Bestürzung.

»Dich umgibt ein dichter Nebel aus Selbstmitleid. Ich kann dich kaum noch sehen. Geh unter die Dusche, wasch dir die Haare.«

»Ich habe keinen Liebeskummer«, behauptete ich lahm. »Ich wußte von Anfang an, daß es nicht klappt. Er war jung und zu flippig. Trotzdem habe ich ihn geliebt. Wir hatten eine schrecklich intensive Verbindung zueinander. Wenn ich ihn anschaute, war ich wie hypnotisiert. Sein Geruch ließ mich die ganze Welt vergessen. Ich war unmöglich. Stellt euch vor, ich schnüffelte an seinen Achseln wie ein Hündchen. Als er das letzte Mal bei mir auf dem Bettrand saß – in dem rosa T–Shirt, das ich ihm gekauft hatte, machte mich die Linie seines Oberkörpers ganz schwach.«

»Keinen Liebeskummer, hm?« sagte Cleo.

»Warum hüpfst du nicht kurz unter die Dusche und erzählst uns dann alles weitere«, nahm Rita ihr Leitmotiv wieder auf. »Ich gehöre nicht zu den Leuten, die sich für riechende Achselhöhlen begeistern.«

Ich schnupperte versuchsweise. »Himmel, ich bin wirklich lebendig. Aber ihr kapiert nicht. Es geht nicht um Liebeskummer. Darüber bin ich hinweg. Ich bin traurig und resigniert. Ich war auf einem aufsteigenden Ast. Aber dieses Abenteuer hat mich auf mich selbst zurückgeworfen. Ich kann den Anblick meines inneren Ichs nicht ertragen. Ich bin leer und gräßlich und nutzlos und sehnsüchtig und einsam und verzweifelt. Ich habe keine inneren Reserven. Ich schäme mich dafür, ledig zu sein, ich hasse mich selbst dafür.«

»Ich habe die Dusche angedreht«, verkündete Rita. »Geh schon, bevor ich dir das Nachthemd mit dieser Schere vom Körper schneide.«

Ich beseitigte gerade mit einem Rasierapparat die eineinhalb Zentimeter langen Haare von meinen Beinen – als die Tür zum Badezimmer aufging und sich der Duschvorhang beiseite schob.

»Jake, du Perverser. Verschwinde! Ich bin nackt.«

»Ich hab dich schon öfter nackt gesehen. Hallo Titten, nett, euch wiederzusehen. Ich mag euch.« Er lehnte seinen stämmigen Körper gegen das Waschbecken. »Ich warte hier, bis du fertig bist.«

»Ich habe nicht vor, mich unter der Dusche umzubringen«, sagte ich.

»Natürlich nicht.«

»Ich bin in Ordnung.«

»Natürlich bist du das. Dein Lover schläft mit einer anderen, habe ich gehört.«

»Er ist nicht mehr mein Lover«, erwiderte ich verstimmt.

»Und du schläfst mit keinem. Der böse alte Kobold namens Verlassenheit, hat dich in seinen Krallen. Du mußt dich schrecklich fühlen.«

»Mir gefällt das nicht, Jake. Du warst schließlich auch mal mein Lover. Warum reden wir so miteinander?«

»Weil genau dies die richtige Gelegenheit ist, wo sich ein früherer Freund nützlich machen kann. Ich bin hier, um dich zu bedauern, dich in meine starken, unglaublich männlichen Arme zu nehmen und deine zerfurchte Stirn zu glätten. Sich von einem Geliebten verlassen zu fühlen, ist der schlimmste Schmerz der Welt.«

»Wir haben uns getrennt. Er hat absolut das Recht, mit einer anderen ins Bett zu gehen.«

»Das hat er.«

»Jake, ich möchte ihn umbringen! Ich will ihm mit einer Axt den Schädel spalten. Ich will ihm so hart in die Eier treten, daß er sich eine Woche vor Schmerzen krümmt. Ich lasse ihn ins Gefängnis werfen.«

»Komm jetzt raus, Darling. Du bist schon ganz aufgeweicht. Hier ist ein schönes, weiches Handtuch.«

»Aber weißt du was, Jake? Wenn ich mit diesem Schmerz fertig werde, wenn ich davor nicht wegrenne und nicht versuche, gleich einen Ersatz zu finden, sondern diesem Schmerz ins Gesicht sehe, dann bin ich vielleicht besser dran als je zuvor.«

»Amen«, sagte Jake. »Hier ist dein Kamm.«

MÄNNER, DIE ZUWENIG LIEBEN

»Sag ihr, ich habe keine Gefühle. Sag ihr, daß ich nur aufs Vögeln aus bin und daß sie einen Kerl wie mich in ihrem Leben nicht brauchen kann«, sagte Hank.

»Das werde ich wohl müssen, du Fiesling. Schließlich flirtest du auf Teufel komm raus mit ihr«, antwortete ich.

»Dagegen kann ich nichts tun. Sie ist so ein tolles Mädchen. Deshalb will ich ja auch, daß sie gleich erfährt, was für ein Scheißkerl ich bin.«

Der Junge schämt sich nicht einmal, dieser sogenannte gute Freund von mir. Es war mir plötzlich klar geworden, daß ich eine ganze Menge Freunde habe, die ohne Frauen leben. Und nun wollte ich wissen, warum. Ich fragte sie der Reihe nach, und die Antworten klingen reichlich beunruhigend.

Hank sieht ausnehmend gut aus, ist blond und hochgewachsen. Beim großen Softball–Match der Künstler und Schriftsteller im letzten Sommer in East Hampton fragte jede Frau am Rand des Spielfelds ihre Nachbarin: »Weißt du, wer der tolle Typ im Mittelfeld ist?« Alles, was wir rauskriegten, war, daß er in Harvard war und ein Buch geschrieben hatte. Später, als er und ich schier unzertrennlich geworden waren, erfuhr ich, daß er früher mal sieben Jahre lang der perfekte monogame Lover war, bis ihn seine Freundin verließ. Jetzt läßt er sich nur noch mit Models ein und behandelt sie schlecht.

»Ich habe keine Gefühle mehr«, sagte Hank. »Zu viele Leute werden immer wieder Opfer ihrer Gefühle. Ich höre mir manchmal die Texte der Love Songs an, die mir während meines Liebeskummers sehr bedeutungsvoll erschienen. Weißt du, wie sie mir jetzt vorkommen? Geradezu idiotisch.«

»Du bist ja krank«, sagte ich, doch er kicherte nur.

»Aus den tiefsten Tiefen dieses Lochs, das wir mal meine Seele nennen wollen, kann ich dir versichern, daß ich mich nicht schlecht fühle ...«

Mein Kumpel Sam, mit dem ich öfter zusammen bin als jeder andere, ist ein hochbegabter Karikaturist mit einem herrlich bösen Funkeln in den Augen. Er lebt äußerst solide, verläßt fast nie das Haus und hat seit ungefähr zehn Jahren keine feste Beziehung. Eine meiner Freundinnen drehte seinetwegen total durch, und sie gefiel ihm auch, doch von da an ging er ihr geflissentlich aus dem Weg. Warum, Sam?

»Es ist soviel einfacher, sich nicht damit rumzuquälen. Das Leben ist schon kompliziert genug, ohne daß man sich auch noch mit jemandem abgeben muß, der intim werden will. Es ist einfacher, sich in Eskapismus zu flüchten und sich eine Menge fixer Ideen zuzulegen, die man - wie man sich zumindest einbildet - unter Kontrolle hat. Baseballstatistiken, Poker, Vogelbeobachtung ...«

»Ach, du hast also gern alles unter Kontrolle«, sagte ich. »Das ist mir ganz neu.«

»Es geht gar nicht so sehr um Kontrolle als vielmehr um Vermeidung von Nicht–Kontrolle. Ich will nicht, daß mich jemand anderes unter Kontrolle hat. Ich mache, was mir gefällt und denke erst hinterher darüber nach.«

Liebe Leser, ich muß etwas zugeben. Als ich beschloß, diesen Artikel zu schreiben, dachte ich noch, ich könnte über die Angst der Männer vor Intimität spotten. Doch inzwischen sind mir einige Zweifel gekommen, was die Frauen betrifft. Hoffentlich werde ich bald zuversichtlicher.

Nehmen wir mal Victor, meinen alten Freund aus England. Er ist der netteste und hilfsbereiteste Mensch der Welt. Viele meiner Freundinnen waren in ihn verknallt – ich übrigens auch. Bestimmt hat er's nicht mal gemerkt. Er ist ständig verabredet und hält nach seiner Traumfrau Ausschau. Natürlich findet er sie nie.

»Ich gehöre zu denen«, sagte Victor, »die sehr erleichtert waren, als in den siebziger Jahren die Männer plötzlich sensibel werden mußten. Auch früher bin ich nie der stumpfe Draufgänger–Typ gewesen. Glaub mir, ich war begeistert über diese Entwicklung. Doch inzwischen hat sich alles wieder geändert, und die Leute benehmen sich wie in den Fünfzigern.

Plötzlich haben sie wieder Angst vor all der Selbsterforschung, die sie betrieben. Aber man kann Wissen nicht wieder wegzaubern, und es ist gefährlich, so zu tun, als hätte man's nie gehabt.

»Wir sind nicht mehr unschuldig und haben das Vertrauen in unsere Gefühle verloren. Jedenfalls bei mir ist das so. Wenn ich mich von jemandem angezogen fühle, verhalte ich mich wie ein kompletter Idiot.«

Tja, vielleicht kenne ich nur unglückliche Menschen. Aber, liebe Leser, ich konnte es kaum glauben, wie bereitwillig all diese Männer darüber redeten, Erklärungen abgaben und ihre Einstellungen rechtfertigten. Ihre Verzweiflung ist so echt und tief empfunden, wie ich's eigentlich noch nie bei Frauen erlebt habe.

Hört euch Brian an, der es seit kurzem als Schriftsteller und Gesellschaftslöwe zu Ansehen gebracht hat, der ausgesprochen sexy ist, dessen Frau ihn wegen eines anderen verließ, den seine nächste Freundin aufs gemeinste quälte und der seit den siebziger Jahren keine enge Beziehung mehr einging.

»Wenn eine Liebe zu Ende geht, empfindet man die einzig wirklichen Schmerzen, die es im Leben zu ertragen gilt. Nicht wie Hunger oder Armut – die sind körperlich, und damit wird man fertig. Doch innere Unruhe, Angst, Eifersucht und Seelenqual ruft nur eine Liebesbeziehung hervor. Das sind seelische *und* körperliche Leiden.«

»Aber die Einsamkeit?« gab ich zu bedenken.

»Um es ohne feste Beziehung aushalten zu können, muß man sich selbst mögen und zufrieden sein. Ich kenne Massen von Leuten, mit denen ich mich gern verabrede. Ich habe jede Nacht jemanden fürs Bett.

Ich bin nie einsam. Ich gehe keine Verpflichtung ein, breche aber auch keine – was ja die meisten ständig tun.«

Moment mal! Was geschieht hier? Die Jungs haben aufgegeben!

Nach meiner Theorie entstehen nicht alle Traumata in der Kindheit. Eine tiefe Verletzung kann auch später noch ein Leben radikal verändern. Und wenn diese Verletzung der Psyche ewig weiter vor sich hin schwärt, dann haben wir den Schlamassel.

Ihr müßt leiden, müßt die gleiche Trauerzeit durchmachen, als ob ein geliebter Mensch gestorben wäre, ihr müßt diese schlimmen Gefühle hochkommen lassen. Und dann könnt ihr von neuem anfangen.

Aber warum überhaupt wieder anfangen? Sind Liebe und Romantik nur ein biologischer Trick, um die Menschheit zu erhalten?

Hank sagte: »Keine romantischen Gefühle zu haben, ist so, als lebe man mit allen Vorteilen, die ein Altersheim bietet. Man fühlt sich über einen erniedrigenden und letztlich sinnlosen Streit weit erhaben.«

»Aber was ist mit Nähe und Familie und inniger Verbundenheit?«

»Du könntest genauso gut chinesisch mit mir reden«, sagte Hank.

Ich weiß, daß die Frauen die Männer in den letzten Jahren völlig durcheinander gebracht haben, und die Männer reagierten ratlos, verletzt und zornig, haben aber nur in den seltensten Fällen gelernt, solche Gefühle zu zeigen.

Vielleicht sind wir doch zu hart mit ihnen umgegangen?

ALTERN:
FAKT ODER FIKTION

Heute abend habe ich herausgefunden, daß der Mann, auf den ich ein Auge geworfen habe, 45 Jahre alt ist. Obwohl ich fast ein Jahrzehnt jünger bin, ertappte ich mich bei dem Gedanken: 'Bin ich nicht zu alt für ihn? Er sprüht voller Charme und Humor. Sicher will er eine Fünfundzwanzigjährige.' Wie dieser Typ, mit dem ich vor ein paar Jahren eine Affäre hatte. Er ist jetzt fünfzig und seine neue Freundin zweiundzwanzig. Ich werde alt. Das ist etwas deprimierend.

Das Schlimmste daran: Meine »Sexualobjekte« sind zu jung für mich. Wenn ich auf meinem Sofa sitze und die Baseball–Spieler im TV betrachte, überkommt mich eine schwindelerregende Begierde. Es ist denkbar, daß Gary Carter alt genug für mich ist, doch Dr. K. würde mich vermutlich mit Ma'am anreden und mir über die Straße helfen, falls es je zu einer Begegnung käme.

Wie wir alle wissen, ist das Altern die größte und endgültigste Ungerechtigkeit zwischen den Geschlechtern. Ein Mann von Ende 30 hat nicht die geringsten Schwierigkeiten, junge Mädchen kennenzulernen. Männer sind in ihren späten 30ern sexy. Sie erreichen gerade ihr bestes Alter. Die interessanten Linien im Gesicht geben ihnen reife, charaktervolle Züge.

Frauen von Ende 30 sind auf eine gewisse Weise sexy. Wenn sie ihren Körper in Form gehalten haben, strahlen sie den Reiz der Reife aus. Aber Frauen haben keine Linien im Gesicht, Frauen haben Falten. Und Falten gelten landläufig als Anfang vom Ende.

Folgendes habe ich beschlossen: Sobald die erste Falte in meinem Gesicht auftaucht, werde ich kein Makeup mehr benutzen. Okay, Krähenfüße zählen nicht. Die sind inzwischen akzeptiert. Aber wenn sich vertikale Furchen auf meiner Oberlippe bilden und wenn sich die feinen Linien rechts und links von meinem Mund vertiefen, dann trage ich Natur. Manche Frauen versuchen, ihre Falten durch Makeup zu vertuschen, das ist entwürdigend, beim Blick ins eigene Gesicht empfinden diese Frauen Mitleid und Verlegenheit. Ich werde mich mit meinen Falten anfreunden, ich werde sie 'Linien' nennen. Jede von ihnen werde ich als Zeichen von Charakter würdigen, als mein gelebtes Leben, das sich auf meinem Gesicht abzeichnet.

Auch der Rest meines Körpers verändert sich; er will dicker werden. Früher verordnete ich mir alle drei Jahre eine Diät – denn so lange dauerte es, bis mein Gewicht die Grenze des Zumutbaren erreicht hatte.

Inzwischen schnalle ich mir täglich Gewichte um Fußknöchel und Handgelenke und springe eine halbe Stunde lang auf meinem Trampolin herum. Und ich trinke keinen Alkohol. Wenn ich es doch tue, sehe ich aufgedunsen aus. Okay, manchmal trinke ich. Ab und zu genehmige ich mir ein Faß Margaritas, wenn ich mal nicht so gut drauf bin. Wen zum Teufel geht's was an, wenn ich alt, dick und schwabbelig bin? Wenn die Leute das nicht mögen, sollen sie wegsehen.

Aber dann sehe ich Dwight im TV oder gehe meine Straße lang und sehe diese vielen sehr jungen Typen in ihren engen T–Shirts. Wie ich in solchen Momenten den Geschlechtstrieb verfluche! Er macht uns alle zu Idioten.

Natürlich trifft die Männer wegen dieser Ungerechtigkeit, was das Altern angeht, keine Schuld. Sie können nichts dafür. Die Natur stellt sicher, daß Menschen, die Kinder produzieren können, reizvoller aussehen als solche, die es nicht können. Selbst ein achtzigjähriger Mann kann noch ein Kind zeugen, doch eine Frau über fünfzig tut sich verdammt schwer damit.

Aber die Natur hat Mist gebaut. Männer mit 17 sind fast ständig geil. Mit 25 beginnt sich alles zu normalisieren und mit 65 kriegen sie nur noch einen hoch, wenn sie vorher ein Stoßgebet sprechen.

Bei Frauen ist es genau umgekehrt. Wir werden geiler und geiler! Manchmal wache ich schon morgens feucht auf und weiß, daß mal wieder so ein Tag anbricht, an dem ich im engen, schwarzen Lederdress und hochhackigen Schuhen lustgetrieben durch die Straßen laufe. Ein Freund, der mich an solch einem

Abend im Nightclub beobachtete, rief mich am nächsten Vormittag an. »Hier ist die Hormonpolizei«, sagte er. »Wir haben besorgniserregende Berichte über Sie erhalten. Bis auf weiteres stehen Sie unter Quarantäne.«

»Vielleicht wäre ein Hausbesuch angebracht«, gurrte ich.

Dabei würde ich's mit ihm gar nicht tun.

Nennt es Alter, nennt es AIDS, jedenfalls steigert sich proportional zu meiner sexuellen Lust auch meine Vorsicht. Ich will so gern, oh, so gern, aber ich will nun mal nicht mit jedem ins Bett gehen. Ich weiß viel zu gut, was es bedeutet. Ich bin ein gebranntes Kind voller Narben, ängstlich und, verdammt noch mal, zu alt, um impulsiv zu handeln.

In diesen Nightclubs, die mein Jagdrevier sind, verkehren viele Kids mit glatten, klaren Gesichtern. Bevor sie sich selig in die Arme sinken, schauen sie mich an als sei ich ihre Lehrerin. Am liebsten würde ich zu ihnen sagen: »Seid vorsichtig! Macht es gleich beim ersten Mal richtig, oder wenigstens beim zweiten Mal. Schenkt euer unschuldiges Herz und eure Seele jemandem, der gut für euch ist, der euch wirklich mag.«

Ich sehe mich wie ich damals war: Ein Teenager im Minirock, mit Netzstrümpfen, einem knallroten Trenchcoat aus Vinyl, einem schlampigen Schlapphut, einer Wasserpistole in der Tasche und einen Jungen an jedem Arm. Ich lebte mit einer Rock'n Roll Band zusammen und taumelte durch meine Jugend. Ich erinnere mich, wie ich mich hinten auf dem Motorrad wie eine Ertrinkende an einen Knaben klammerte, dessen Körper – ich schwöre – schöner war als die Davidstatue von Michelangelo. Ich erinnere mich, daß ich mich serienweise in Knaben verliebte, denen die Haare in die Augen hingen und die eine Haut wie Milch und Blut hatten.

Ich erinnere mich, wie herrlich aufregend es war, durch Sommergewitter zu laufen, den Regen auf der Haut zu spüren, das durchnäßte Kleid an den Körper geklatscht. Jede Pore meines Wesens war voller Freude darüber, ein Mädchen zu sein. Und mein erstes Appartement mit den Perlenvorhängen. Marihuana rauchen und im Park schnorren. Wie ich meinen ersten Ehemann in der Avenue C in New York kennenlernte, mich sofort verliebte und ein Baby bekam. Es war alles so einfach. Ich hätte es mit auf dem Rücken zusammengebundenen Händen tun können.

Volle zwanzig Jahre habe ich damit verbracht, Jungs beim Gitarrespielen zuzuschauen. Zuerst meiner Rock'n Roll Band, deren Mitglieder irgendwann mal alle meine Lover waren. Dann meinem Ehemann, dann dem Typ, mit dem ich zusammenlebte, und natürlich allen Freunden meiner Freundinnen. Und jetzt meinem Sohn. »Hör dir das an, Mom«, sagt er, und ich erkenne die Ouvertüre zur Rockoper *Tommy* und vor mir steigt lebhaft die Erinnerung auf, wie ich in einem fast menschenleeren Rockclub zu Füßen von Roger Daltrey saß und wie er das Mikrophon wenige Zentimeter vor meiner Nase herumschwenkte.

Neulich war ich in einem dieser hard–core–Rockclubs, wo die Mädchen nur ein Minimum an Kleidung tragen: kunstvoll durchlöchert, durchsichtig und sehr sexy. Neben mir stand eine matronenhafte Frau.

»Sehen Sie diese Mädchen?« sagte sie zu mir. »Sie sind genau wie ich. Ich weiß, wie ich aussehe, aber in meinem Innern bin ich genauso.« Ich dachte: »Ich nicht. Ich war mal so und hatte eine gute Zeit – aber genug ist genug.«

Aber halt! Ein Siebenundzwanzigjähriger mit dem Körper eines Adonis ist zur Zeit wie der Teufel hinter mir her. Vielleicht habe ich mit meiner Schwarzseherei doch übertrieben ...

FRAUEN ÜBER MÄNNER

Wir Frauen reden wieder über Männer! Ein paar Jahre lang beschränkte sich unsere Themenwahl auf Jobs, Klamotten, Kinder und Politik. Über Männer zu diskutieren war de trop oder passé. Okay, vielleicht hatten wir auch Angst, uns zu blamieren. Denn unsere Geschlechtsgenossinnen schienen irgendwie alles im Griff zu haben. Doch seit Geständnisse wieder »in« sind, merken wir, daß eine bohrende Frage uns nach wie vor quält. »Was wollen wir Frauen eigentlich?« Wir wissen es immer noch nicht. Hier einige Beispiele, wie wir es rauszufinden versuchen:

Erste Szene:

Übungsraum in einem Lower–Manhattan–Loft. Sechs Frauen liegen auf Matten, die Beine an die Brust gepreßt, Gummibälle strategisch unter Nacken und Becken plaziert, um das Kreuz optimal zu strecken.

Trainerin: »Nicht das Atmen vergessen, meine Damen.«

Sandra: »Wo steckt Katie heute abend?«

Cleo: »Sicher bei ihrem Freund.«

Doris: »Freund?«

Rita: »Freund?«

Phoebe: »Freund?«

Trainerin: »Bitte etwas mehr Einsatz, meine Damen.«

Doris: »Der Architekt? Hat es tatsächlich geklappt?«

Sandra: »Spinnst du? Der Kerl zahlt schon an zwei Verflossene Unterhalt und geht viermal pro Woche zum Therapeuten.«

Doris: »Ach?«

Sandra: »Außerdem steht er auf Gummikleidung.«

Rita: »Du übertreibst. Gummifetischisten gibt's nur in Pornos. Aber im Ernst. Sie hat sich also tatsächlich mit diesem Galeriebesitzer eingelassen?«

Cleo: »Die Galerie gehört ihm doch gar nicht ...«

Trainerin: »... sondern seinem Bruder. Aufsetzen, Hände kreisen lassen. Ich habe gehört, daß sie unsterblich verliebt ist.«

Phoebe: »Fest steht, daß sie den Valentinstag in seinem Haus in den Catskills verbrachten. Total in Schale geworfen verspeisten sie Garnelen in Knoblauchbutter mit Zuckererbsensoufflée und Tortellini Oscar. Dazu gab's 42 Jahre alten Portwein und Himbeer-Mousse. Sie trug eine Orchidee im Haar, er hatte feuchte Augen.«

Sandra: »Er soll ein großartiger Lover sein.«

Cleo: »Und will mindestens zwei Kinder.«

Trainerin: »Er ist 37, einmal geschieden. Auf die Seite rollen und strecken.«

Rita: »Wie sieht er aus?«

Doris: »Ich kann das nicht mehr hören. Das ist ja gräßlich! Wir klingen so ... so abhängig.«

Phoebe: »Abhängig? Wir? Aber wir machen doch alle eine steile Karriere!«

Trainerin: »Sie atmen nicht mehr richtig, Ladies ...«

Zweite Szene:

Ein Café auf der 7th Avenue in Manhattan.

Brenda: »Dann sagte er zu mir: 'Wie wär's mit Samstagabend?' Ich sagte: 'Tut mir leid, ich habe im Moment zuviel um die Ohren.' Darauf er: 'Was ist los? Habe ich etwa Mundgeruch?'«

Cleo: »Armer Sammy.«

Brenda: »Mach mir keinen Vorwurf! Ich habe wirklich versucht, ihn zu mögen. Ich habe mich aufrichtig bemüht, irgend etwas Anziehendes an ihm zu entdecken. Er ist ein netter Junge, er ist intelligent, er hat sogar Humor. Aber er ist nichts für mich. Und nun sagen meine Freundinnen: 'Gib ihm doch eine Chance!'«

Cleo: »Gib ihm keine Chance.«

Brenda: »Zwei Dates sind genug, oder?«

Cleo: »Ich denke schon. Weißt du, was ich außerdem noch denke? Ich denke, daß wir uns verrückt machen. Wir glauben, wir müßten uns dem erstbesten anständigen, unverheirateten Mann mit akzeptablem Job vor die Füße werfen und anflehen: 'Geh mit mir ins Bett. Heirate mich!' Vielleicht sind die McDonalds Werbespots daran schuld.«

Brenda: »Wieso?«

Cleo: »McDonalds verbreitet den Mythos, daß wir alle

gleich sind. Eine homogene Masse. Tatsächlich ist dieses Land auf dem besten Weg, homogenisiert zu werden. Aber noch gibt es Unterschiede zwischen Mann und Frau. Ich finde, es kommt alles auf die Chemie an.«

Brenda: »Ganz genau. Wenn ich einen Mann nicht riechen kann, läuft nichts. Sein Geruch ist ausschlaggebend.«

Cleo: »Also ich würde mich sofort mit Sammy treffen. Er ist zwar ein bißchen stämmig und trägt einen Schnurrbart. Aber ich finde ihn wirklich sexy. Leider habe ich schon einen Freund – übrigens mit unbeschreiblichem Achselgeruch.«

Brenda: »Ich lebe zwar allein, aber so allein nun auch wieder nicht. Eine alleinstehende Frau in den Dreißigern ist nach allgemeiner Ansicht in einer besorgniserregenden Lage. Dabei mache ich mir nur über das Kinderkriegen Sorgen. Wenn ich in den nächsten zwei Jahren keinen passenden Mann finde, kriege ich eben allein ein Kind.«

Cleo: »Künstliche Befruchtung?«

Brenda: »Wenn's sein muß! Aber es wäre wunderbar, wenn mir bis dahin der Mann mit dem richtigen Geruch über den Weg liefe ...«

Dritte Szene:

In einem »In«–Lokal in Manhattan.

Lisa: »Der da drüben. Seht ihr ihn? Blond, schwarzes Hemd.«

Rita: »Unglaublich! Du bist mir ein Rätsel. In diesem Laden sind tausende von Leuten, es ist total schummrig, und du schaffst es trotzdem, dir aus zwanzig Meter Entfernung einen Ex–Junkie und Schürzenjäger mit schweren psychischen Störungen herauszupicken.«

Lisa: »Und woher willst du das wissen?«

Rita: »Ich arbeite im gleichen Büro wie er, und dort sind alle Frauen verrückt nach ihm. Deshalb haben wir ein bißchen Detektiv gespielt und kennen jetzt jeden Job, jede Droge und jedes Mädchen in seinem Leben.«

Lisa: »Aber die Hälfte der Frauen in deinem Büro sind verheiratet!«

Rita: »Na und? Die Ehe hat noch keine Frau davon abgehalten, mit dem Feuer zu spielen. Jedenfalls sind wir zu dem Ergebnis gekommen, daß er ein zu schwieriger Fall ist. Zuviel Arbeit!«

Lisa: »Immerhin wart ihr alle an ihm interessiert. Das beruhigt mich etwas. Vermutlich hat sich herumge-sprochen, daß Ex–Junkies besonders sensibel sind. Trotzdem stimmt mit mir irgendwas nicht. Warum falle ich immer wieder auf den gleichen Typ rein? Vielleicht will ich gar keine echte Beziehung?«

Rita: »Kann schon sein. Aber ich glaube eher, daß du bei Männern einen schlechten Geschmack hast. Ver-such's doch mit einer anderen Taktik – überlaß den Männern zur Abwechslung die Initiative.«

Lisa: »Kein Mann ergreift heutzutage die Initiative ...«

Mann: »Entschuldigen Sie, Fräulein, möchten Sie tan-zen?«

Lisa: »Nein, vielen Dank.«

Rita: »Na, und was war mit dem? Was hat dir nicht gepaßt?«

Lisa: »Er nannte mich 'Fräulein'. Spießiger geht's wohl kaum noch.«

Rita: »Was willst du eigentlich, Lisa?«
Lisa: »Woher soll ich das wissen. Wahrscheinlich will ich mich unsterblich verlieben, aber dabei meine Freiheit behalten. Ist das zuviel verlangt?«
Rita: »Ja.«

UMWORBEN WERDEN

Die Manöver und Strategien sind so kompliziert, daß ich drei Full–Time–Berater und meine Therapeutin auf Trab halte. Dabei wird es sich nicht auszahlen, lieber Leser. Ich weiß das – schließlich mache ich mir nichts vor – aber ich finde es faszinierend und schwindelerregend. Es ist eine der härtesten Aufgaben, die ich mir je gestellt habe. Um sich erfolgreich umwerben zu lassen, muß man über den eisernen Willen eines Vier–Sterne–Generals und die Geschmeidigkeit eines Baryshnikov verfügen.

Ich spreche nicht von Dates. Wir wissen, wie ich über Dates denke. Sie sind eine abscheuliche Angelegenheit und nur für Teenager und Idioten geeignet. Nein, ich spreche von jener magischen Zeit im Leben einer Frau, wenn ein Mann sie sehr mag und sie ihn ebenso sehr mag. Ihr wißt schon – big trouble.

Ich überstand den Abend unserer Verabredung und auch noch den ganzen nächsten Tag ohne jede Hilfe.

Ich bin immer wieder erstaunt, wie Menschen zunächst voneinander angezogen sind, weil sie spüren, daß sie sich alles erzählen können. Doch innerhalb weniger Minuten ängstigt sie diese spontane Anziehungskraft so sehr, daß jede folgende Silbe und Handlung bis zum Äußersten mit Bedeutung aufgeladen wird.

Ich erinnere mich kaum noch an unsere Unterhaltung, nur an eine gewisse Leichtigkeit. Das änderte sich schlagartig, als er mich zum ersten Mal küßte. Ab da erinnere ich mich an jedes Wort, jede Geste, jeden Seufzer. Ich traf ihn an zwei Abenden hintereinander, am darauffolgenden Tag griff ich zum Telefon.

»Jane«, sagte ich. »Ich habe jemanden kennengelernt und mag ihn richtig gern.«

»Aaaaaaaaah!« kreischte sie.

Dann fragte sie mich erbarmungslos aus, sie wollte alle Details wissen. »Okay«, meinte sie schließlich. »Das klingt nicht schlecht. Der könnte der Richtige sein. Wie war das? Du triffst dich heute abend noch mal mit ihm und verreist dann für eine Woche? Großartig. Er wird sich Gedanken darüber machen, was du tust.«

»Ich schicke ihm eine Ansichtskarte. Den Text habe ich mir schon ausgedacht.»

»Na ja, ist doch klar. Was schreibst du?«

»'Wish you were here.' Klingt das gut? Soll ich mit 'In Liebe' unterschreiben? Oder nur mit meinem Namen?«

(Das war keine müßige Frage. Ich quälte mich bereits seit zwei Stunden mit diesem Problem herum. 'In Liebe' oder nicht 'In Liebe'. Vielleicht ist 'In Liebe' zu überschwenglich, vielleicht ist kein 'In Liebe' zu unfreundlich.)

»Nichts da. 'In Liebe' geht nicht«, sagte Jane energisch. »Du darfst es ihm doch nicht zu leicht machen.«

Dann erzählte ich Cleo alles. Sie wollte seine Geburtszeit auf die Stunde genau wissen. »Er ist fünfunddreißig und im Mai geboren? Dann ist er Drache und Schlange. Drache ist gut für dich, Schlange ist schlecht, weil du Schwein bist.« Cleo lebt für die chinesische Astrologie. »Ich muß ihn sofort kennenlernen«, redete sie weiter. »Wir wollen gleich klarstellen, daß du Freundinnen hast, die aufpassen, daß dir nichts passiert.«

Ich erzählte Brendan, der uns miteinander bekannt gemacht hatte, daß dieser Typ tatsächlich Sinn für meine Art von Humor hatte und daß ich wirklich mit ihm reden kann.

»Scheiße! Was habe ich getan?« fluchte Brendan. »Du sitzt ganz schön in der Tinte.«

Ich erstattete meinem Beraterstab täglich Bericht. Bei meiner Vorgeschichte bin ich inzwischen überzeugt, daß jede Instinkthandlung von mir unangemessene Informationen über mein unausgeglichenes Intimleben bloßlegt. Ich wage kaum etwas zu tun, bevor ich es nicht mindestens dreifach abgecheckt habe.

Der Tiefpunkt kam, als er ein paar Tage lang nicht anrief. Ich magerte ab, ich konnte mich nicht mehr entspannen, ich konnte nicht arbeiten, ich starrte ins Nichts, ich haßte mich selbst, ich dachte, ich sei neurotisch, stellte dann aber fest, ich bin es nicht.

»Bevor ich heiratete, starrte ich das Telefon oft

stundenlang an und rauchte eine Zigarette nach der anderen«, gestand mir meine Buchhalterin. »Immer in der Hoffnung, daß es endlich läutet. Ich war so nervös, daß ich mich nicht bewegen konnte. Wir sind alle so.«

»Hör mal zu, mein kleines Erbsenhirn«, sagte Jane. »Larry ließ immer vier Tage verstreichen, bevor er anrief. Das war seine Taktik. Ich geriet total aus dem Häuschen! Ich rannte in den nächsten Laden, kaufte fünf Familienbecher Eis, ging nach Hause und aß sie ganz allein auf. Und das alles nur, um mich über Wasser zu halten. Er wird schon anrufen, keine Bange.«

»Ich halt's nicht aus. Ich rufe ihn an.«

»Tu das ja nicht. Warte, ich komme gleich rüber. Tu nichts, bevor ich da bin.«

Sie schleppte mich in ein mexikanisches Restaurant. »Ruf ihn nicht an. Ich halte nichts vom Feminismus. Männer wollen gern jagen. Und wenn er sich meldet, was er garantiert tun wird, dann sei bitte reizend und freundlich. Tu so, als seist du zu beschäftigt gewesen, um zu bemerken, daß er nicht anrief. Das wird ihn verrückt machen. Hör auf meinen Rat.«

Ich hörte auf ihren Rat. Schließlich hatte sie vor kurzem die große Liebe ihres Lebens geheiratet. »Aber Jane«, jammerte ich. »Ich fühle mich bescheuert bei einem solchen Spiel.«

»Schätzchen, das ist *kein* Spiel. Das ist *Sich umwerben lassen*. Und *Sich umwerben lassen* ist die schwerste Aufgabe deines Lebens. Es ist was Ernsthaftes. Nimm es ernst.«

»Ruf ihn an und sag: 'Du Arschloch, warum hast du mich nicht angerufen?'« schlug Cleo vor.

»Ruf ihn nicht an. Warte ab«, riet Brendan.

»Was möchten Sie am liebsten tun?« fragte meine Therapeutin.

Ich wartete. Und nun passierte etwas Merkwürdiges: Mit jeder Stunde, die ich wartete, wurde ich stärker. Ich war früher immer der Überzeugung, daß Warten mich passiv und schwach macht. Doch nun wartete ich und erkannte, daß in mir weibliche Stärke wuchs, mich groß und stark machte.

Während dieser Phase fand ich heraus, was ich all die Jahre falsch gemacht hatte. Ob eine Beziehung blüht und gedeiht oder aber dahinmurkelt, hängt sehr vom Umgang mit Kontrolle und Macht ab. Ich habe mich immer machtlos gefühlt (danke, Mom und Dad) und dann auf Teufel komm raus versucht, meine Liebesgeschichten unter Kontrolle zu kriegen, um die Macht zu erlangen, die ich nie zu haben glaubte. Ihr Männer liebt das natürlich nicht. Meine Berater rieten mir in neun von zehn Fällen, nichts zu tun. Das fiel mir verdammt schwer! Ich wollte eine Million Anrufe machen, mich auf eine Million Kämpfe einlassen. Aber ich habe gelernt, mich selbst unter Kontrolle zu haben, statt meinen Partner, und nun bin ich groß wie ein Felsen, was Gefühle betrifft.

Na ja, wohl eher wie so ein Wattefelsen. So ein gallertartiger, flaumiger Stein, der gern ein Felsblock sein möchte. Vielleicht werde ich langsam erwachsen.

Wahrscheinlich wird es sich nicht auszahlen. Aber, zum Teufel, ich lasse es darauf ankommen.

WARUM ICH MARILYN HASSE

Bin ich der einzige Mensch auf Erden, der Marilyn nicht liebt? Ich weiß, daß ich sie lieben müßte. Weil sie tot ist und weil sie schön und tragisch war. Aber sie verkörperte genau das Klischee, das Männer von Frauen entwerfen.

In jedem ihrer Filme spielte sie das Dummchen. Die Männer sabberten sie ständig an, doch sie bemerkte nichts davon, weil sie immer viel zu beschäftigt damit war, Ball zu spielen, ihre Brüste hüpfen zu lassen oder jemanden für eine Frau zu halten, der in Wirklichkeit ein Mann mit einem gewaltigen Ständer war. Sie war taufrisch und absolut unbewußt. Hier ist die Botschaft, die sie Männern signalisierte: »Wenn ihr eure Karten richtig ausspielt, bringt ihr mich vielleicht dazu, mit euch zu vögeln.«

Also strengten sich die Männer gewaltig an. Sie verstellten sich, sie warfen ihr lüsterne Blicke zu, sie grinsten vielsagend und rammten sich gegenseitig die

Ellbogen in die Rippen. Doch Marilyn merkte nichts davon; sie verhielt sich hilflos wie ein Reh, das von Scheinwerfern geblendet wird. Ich hasse es, mir so was anschauen zu müssen.

Ich hasse es zu wissen, daß Männer sich so benehmen. Es geht dabei nicht um Sexualität; es geht um Demütigung und Herabsetzung.

Es gibt ein texanisches Sprichwort: »Das Problem bei den Frauen ist, daß *alle* eine Muschi haben.« Als ob wir das nicht wüßten. Wir wissen nur nicht, wie wir uns verhalten sollen. Wenn wir zeigen, daß wir wissen, was wir da zwischen den Beinen haben, dann sind wir Nutten. Denn richtige Frauen wissen das nicht. Genau das war Marilyns Trick: sie war das hinreißende, sinnliche Weib, das sich so verhielt, als hätte es keine Ahnung von seiner Muschi.

Um uns zu schützen, haben wir im Laufe der Jahre gelernt, so zu tun, als hätten wir keine Sexualität. Denn Männer sind größer und stärker als wir. Wenn wir uns nun so benehmen, als ob wir über Sex Bescheid wissen und ihn mögen, dann verstehen sie das schon fast als Aufforderung zur Vergewaltigung.

Männer dagegen sind stolz auf ihren Pimmel. Sie können über ihn reden, wenn man sie auch nur im geringsten dazu ermutigt. Schaut euch einen Conferencier an! In neun von zehn Fällen wird er irgendwann eine liebevolle Bemerkung über sein bestes Stück machen und es vermutlich auch noch tätscheln. Erinnert ihr euch an den Film *48 Stunden*, in dem Eddie Murphy davon sprach, daß sein Schwanz schon durch einen leichten Luftzug steif wird, weil der arme Eddie so lange im Kittchen gesessen hatte. Erinnert ihr euch an den Film, in dem Whoopie Goldberg sagte: »Ich bin schon so lange nicht mehr gevögelt worden, daß ich quer durch einen Raum *rutsche*, wenn ich nur einen Mann sehe?« Natürlich nicht. Diesen Satz gibt's nämlich in keinem Film.

Weil Frauen nämlich wie Jagdbeute behandelt werden. Also wie Tiere; dumm und stumm und weniger wert als die Jäger.

Vom Standpunkt vieler Männer aus gibt's im Leben einer Frau zwei Stadien: entweder Beute oder unsichtbar. Ab einem bestimmten Alter, in dem Männer eine Frau nicht mehr vögeln wollen, sehen sie diese Frau nicht mehr.

Ich bin irgendwo zwischen diesen beiden Stadien, und die Perspektive ist durchaus interessant.

Jahrelang mußte ich mir von Männern Sätze anhören wie: »Wovor hast du Angst?« oder: »Was ist los mit dir? Warum bist du so verspannt?« oder den gängigsten: »Entspann dich doch einfach!«

Das hat mich immer wütend gemacht, weil es meinen Verstand beleidigte, auf solche Weise manipuliert zu werden. Also erwiderte ich dann z.B.: »Nein, ich habe keine Angst vor dir. Ich habe nur keine Lust, mit dir zu schlafen.« Damit handelte ich mir den Ruf einer Kostverächterin, eines miesen Stücks ein, die Männer fertig macht. Also reagierte ich notgedrungen auf Manipulieraktionen mit noch mehr Manipulation: »Du bist ein hinreißendes Kerlchen, aber ich bin gerade in Rodney verliebt. Kennst du ihn? Er ist ein ...

Seit ich nicht mehr die Allerjüngste bin, ist es noch schlimmer. Nun muß ich eine Viertelstunde warten, bis ich in meinem Deli endlich die Milch bezahlen kann, weil eine junge Blondine mit großem Busen im Laden ist und die Jungs an der Kasse mich selbst dann nicht wahrnehmen, wenn sie mich direkt ansehen.

Diese Fixierung auf Jäger–Beute treibt die seltsamsten Blüten. Ich war neulich mit meinem alten Freund Wendell in einem Nightclub und fragte ihn, ob er Clair mal wieder gesehen habe. »Du kennst sie doch«, sagte ich. »Sie ist groß und sehr unterhaltsam, eine Schmuckdesignerin.«

»Ach, du meinst die mit dem gewaltigen Hintern und den dicken Beinen«, erwiderte er.

Ich weiß ja, daß Männer sehr auf visuelle Reize angewiesen sind und sich brennend für die Halslänge oder Hüftbreite einer Frau interessieren, aber ich hatte Wendell ja nicht gefragt, ob er mit Clair vögeln wollte. Doch für ihn und viele andere Männer definiert sich Clair ausschließlich durch ihren Grad an sexueller Attraktion. Sie ist die Frau mit dem gewaltigen Hintern und nicht etwa die Frau, die interessante Ideen über Neoromantizismus hat und jeden im Backgammon schlägt. Genau dies ist Herabsetzung!

Von da ist es nicht mehr weit zur Belästigung. Wenn ein Mann sich einreden kann, daß wir keine eigenständigen Menschen mit Gefühlen, Idee, Sehnsüchten und eben auch Muschis sind, dann hält er es gar nicht für schlimm, uns auf den Hintern zu schlagen, wenn wir in einem Schnellimbiß mit unserem Tablett an ihm vorbeigehen. Falls dann das Tablett runterfällt und wir auf die Knie gehen, um die ganze Schweinerei zu beseitigen, dann macht er garantiert auch noch irgendeine zotige Bemerkung.

Unsere Schuld, wenn wir rot werden und uns verwirrt und wütend fühlen.

Ich bin der festen Überzeugung, daß sexuelle Belästigung und Herabsetzung nur vordergründig dem männlichen Überlegenheitsgefühl zuzuschreiben sind. Dahinter lauert Angst und möglicherweise auch Haß. Gerade ängstliche und unsichere Männer spielen gern brutale Typen. Männer, die Angst vor Frauen haben oder wütend auf sie sind, werden sie drangsalieren und dort demütigen, wo sie verletzbar sind: in ihrer Sexualität. Statt seine Wut auf eine Frau offen zu äußern, macht ein Mann abfällige Bemerkungen über ihre Brüste.

Wenn wir auf diese Wut adäquat reagieren, sind wir kastrierende Weiber. Wenn wir nicht reagieren, sind wir die Komplizen unserer eigenen Opferung. Was sollen wir eurer Meinung nach tun?

Okay, ich hasse Marilyn nicht wirklich. Ich hasse nur die Art, wie sie mit denen unter einer Decke steckte, die sie herabwürdigten und zu einem Objekt machten. Ehrlich gesagt verstehe ich ihre Motive nur zu gut. Sie sehnte sich nach Liebe, glaubte nicht, daß sie ihr zustand, und gab sich mit dem zufrieden, was ihrer Meinung nach das Nächstbeste war – mit Lust.

Jetzt aber zu jemandem, den ich mag: Cher! Sie ist selbstbewußt genug, um fast nackt im Fernsehen aufzutreten, aber wehe, jemand zöge da falsche Rückschlüsse!

CHEAT STREET

Eine Frau, nennen wir sie mal Margarete, kuschelt sich auf dem Rücksitz eines Taxis eng an einen Mann, nennen wir ihn mal Max. Während er ihr eine Georg–Jones–Melodie ins Haar summt, schmiegt sie ihren Kopf an seine Brust.

»Nein, bitte nicht«, murmelt Margarete. »Das ist unfair und grausam, das geht unter die Gürtellinie. Singe mir nichts von George Jones vor. Ich bin ein braves Mädchen.«

»Margarete?«

»Ja?«

»Können wir miteinander ausgehen? Können wir uns sehen?«

»Ja.«

Und so entschloß sich mal wieder eine Frau, mit einem verheirateten Mann zu schlafen. Das Wort *Untreue* ist leicht gesagt, doch das, was sich dahinter verbirgt, ist verknüpft mit Schuld, Betrug, Verwirrung,

Schmerz und – okay, okay – manchmal mit großer Lust. Ich kenne Margarete sehr gut, aber sie ließ sich trotz all meiner Bemühungen nicht von ihrem Entschluß abbringen.

»Du erzählst mir nichts Neues«, sagte sie zu mir. »Ich weiß, daß diese Geschichte mit Tränen und vielleicht sogar mit tiefer Qual enden wird. Ich weiß, daß ich mich schon bald dafür hassen und für gemein und niederträchtig halten werde. Ich weiß, daß ich schon bald in der nutzlosen Phantasterei schwelgen werde, daß er seine Frau verläßt und wir glücklich bis ans Ende unserer Tage zusammenleben. Ich weiß, wie naheliegend die Annahme ist, daß ein Mann, der eine Ehefrau betrügt, die nächste auch betrügt. Ich weiß, daß wir mit verdeckten Karten spielen und er alle Asse hat. Ich weiß, daß ich mich ausgesprochen anti-feministisch verhalte und dafür vermutlich in die Hölle komme. Ich weiß, daß ich das Siebte Gebot mißachte und daß ich unmoralisch bin. Und ich weiß, Gott stehe mir bei, daß ich mich vielleicht richtig in ihn verliebe und dann total aufgeschmissen bin.«

»Ist dir klar«, gab ich zu bedenken, »daß du keinen Freiraum für einen netten, anständigen Junggesellen läßt, der dir Blumen bringt und einen Heiratsantrag macht, wenn du dein Leben und deine Träume nur diesem Mann widmest?«

»Hältst du mich für bescheuert?« fuhr sie mich an. Ihr Gesicht war vor Erregung gerötet. »Drei Jahre lang habe ich auf diesen legendären Junggesellen gewartet! Seit einem Jahr hat mich niemand mehr geküßt! Und dann taucht aus dem Nichts plötzlich dieser phantastische Mann auf, und mich packt unbezähmbare Lust auf ihn. Was würdest du tun?«

»Puh, du bist wirklich beschissen dran« , sagte ich.

In der heutigen Zeit ist für Seitensprünge nicht mehr viel Platz. Die Hintertürchen, die wir in den sechziger und siebziger Jahren öffneten, sind inzwischen hermetischer verschlossen als Jerry Falwells Schließmuskel. Freie Ehen und Partnertausch billigen wir nicht mehr. Wir tun nicht mehr so, als kennen wir keine Eifersucht. Die sexuelle Revolution ist gelaufen, die Tage experimentierfreudiger Geilheit sind vorüber, weil es diese Krankheit gibt. Wir haben verständlicherweise Angst vor dem Sterben.

Doch selbst wenn es keine solche Krankheit gäbe, täten wir's vermutlich nicht mehr. Wir befinden uns jetzt in den Neo–Fünfzigern, in einer konservativen und blind–patriotischen Phase, in einer Phase der wiedergeborenen Christen und Fernsehprediger, der Filme wie *Fatal Attraction* und der Wiederverherrlichung der Familie. Wenn der Roman *Anna Karenina* jetzt geschrieben würde, käme er garantiert an die Spitze der Bestseller–Listen.

Aber Gott, oder wer immer die Spezies Mensch erschuf, hat uns reingelegt. Wir gesellen uns nicht wie die Gänse fürs ganze Leben zueinander. Nein, wir haben dummerweise diesen übermächtigen Sexualtrieb. Dieser Sexualtrieb ist ein schlaues, verantwortungsloses Monster, das auf Moral und Rechtschaffenheit pfeift. Dieser Sexualtrieb macht aus uns allen Dummköpfe. Wir kaufen uns weiße Hochzeitskleider und schicke Smokings, wir bestellen Eheringe mit Initialen und geloben, daß wir, verdammt nochmal, für den Rest unseres Lebens treu sein werden.

Doch irgendwo in uns flüstert eine kleine Stimme: »Na ja, jedenfalls werd' ich mich redlich bemühen!«

Ganz egal, was unser Verstand sagt, unser Körper wird alles tun, aber auch alles, um gevögelt zu werden. Dieser Sexualtrieb ist stärker als wir alle.

Je mehr wir ihn leugnen und so tun, als gäbe es ihn gar nicht, desto schlimmer wird es uns erwischen. Und so frage ich: Wer von uns wirft den ersten Stein auf Margarete?

»Ich werd's tun«, sagte sie. »Ich werfe den ersten Stein auf mich selbst. Ich bin ein solches Arschloch. Warum tue ich das? Frauen tun so was doch eigentlich nicht, oder?«

»Natürlich tun wir's«, sagte ich. »Dauernd. Und deshalb müssen wir uns ganz fest vornehmen, es nicht wieder zu tun, nicht hinter dem Mann einer anderen Frau her zu sein! Wir sollten es nie leichtfertig und beiläufig tun, oder weil wir es jemandem heimzahlen wollen. Oder weil wir gelangweilt, depressiv oder unglücklich über unsere Figur sind! Denn Untreue ist eine todernste Angelegenheit.«

»Hast du die Geschichte mit Beth schon gehört?« fragte Margarete. »Fünfzehn Jahre war sie mit dem gleichen Mann verheiratet, und plötzlich empfand sie körperlich nichts mehr für ihn und konnte nicht mehr mit ihm schlafen. Was tat sie? Sie brannte mit einem armen jungen Musiker durch und ist nun keine Kunstmäzene wie bisher, sondern muß als Kellnerin in einem Café arbeiten. Was sagst du nun?«

»Dies veranschaulicht blendend, was wir alles tun, um guten Sex zu kriegen. Allerdings hatte ihr Mann, wie ich zufällig weiß, mindestens drei Affären pro Jahr.«

»Woher weißt du das?«

»Das spielt keine Rolle, Schätzchen. Ich will damit nur sagen, daß auch auf diesem Gebiet die Frauen anders sind.«

Die Männer können Liebe und Sex besser trennen als wir Frauen. Wenn eine Ehefrau untreu ist, dann in neun von zehn Fällen nur deshalb, weil sie über ihre Beziehung tief unzufrieden ist. Nicht etwa aus einer Laune heraus. Achtet mal darauf!

»Glaubst du, daß Max' Frau unzufrieden ist?« fragte Margarete, diese Närrin.

WORAUF WIR STEHN

Eine heiße, schwüle Nacht in Downtown Manhattan. Rita und ich nahmen einen Drink im noch heißeren *Lion's Head* Nightclub. Cleo kam mal wieder zu spät, so daß wir in aller Ruhe über eine Frau herziehen konnten, die in einem schauerlichen türkisgrünen Kleid steckte.

»Wünschst du dir nicht auch«, sagte ich zu Rita, »daß man manche Leute mit folgenden Worten beiseite nehmen könnte: »Ich würde mich gern mit Ihnen über Ihre Aufmachung unterhalten? Ich glaube, Sie sollten sich darüber etwas mehr Gedanken machen.«

»Und wie!« stimmte Rita zu. »Diese Frau zum Beispiel ist mir ein Dorn im Auge. Ich sehe sie in hellgrauem Jersey, nur ganz wenig Rouge und die Haare in ihrer natürlichen Farbe.«

»Hallo«, begrüßte uns Cleo, die endlich kam. »Nehmt ihr gerade diese Witzfigur auseinander, die wie ein Clown geschminkt ist? Ich sehe sie in pfirsich-farbenem Leinen.«

»Hört mal, ich muß eine Kolumne schreiben und brauche eure Hilfe«, sagte ich.

»Wann brauchst du uns nicht, du faules Stück«, erwiderte Cleo.

»Warum sollten wir dir dabei helfen, Männern unsere intimsten Gedanken zu verraten, du antifeministische Überläuferin!«

»Sei nicht albern«, protestierte ich. »Männer und Frauen sind längst keine Feinde mehr. Wir haben in der Frauenbewegung eine neue Ebene erreicht. Wir müssen einander verstehen und großzügig miteinander umgehen ...«

»Entschuldigen Sie, meine Damen«, unterbrach mich ein eleganter Mann im Burberry, der plötzlich an unserem Tisch auftauchte. »Können meine Freunde und ich uns zu ihnen setzen?«

»Fehlanzeige, kein Bedarf«, wies ich ihn unfreundlich ab. »Tja also ... wenn Männer begreifen würden, worauf wir stehen, wenn sie unsere kleinen Schwächen verstehen würden ...«

»Schwächen?« fragte Rita. »Entschuldige mal, aber was soll das heißen. Was für Schwächen meinst du denn?«

»Okay, also keine Schwächen«, gab ich hastig nach. »Aber du weißt schon, die Sachen, über die sie sich beklagen: daß wir immer zu spät kommen, uns nie entscheiden können, uns nicht für Baseball–Ergebnisse interessieren, ständig eifersüchtig sind, es nicht leiden können, wenn sie in Bars herumhängen, uns nur für Kleider und Kinder begeistern, uns vor sachlichen politischen Diskussionen drücken, nicht gern Fellatio machen, na, der ganze Kram eben.«

»Bloß keine Unterhaltung über Fellatio«, bat Cleo. »Viel lieber rede ich über Kleider.«

»Hier meine Meinung zur Kleiderfrage«, sagte Rita. »Schreib's auf. Das Studium von Kleidern sollte genauso ernst genommen werden wie das Studium der Kernphysik, oder sogar noch ernster. Höhe des Rocksaums, Abnäher einer Corsage, Stoffe – all das steckt voll tiefer und weitreichender Bedeutung. Die Entschlüsselung dieser Geheimnisse würde die Menschheit erschüttern, wenn sich nur jemand die Mühe machte, darüber nachzuforschen. Wir brauchen eine Frau im türkisfarbenen Kleid nur anzuschauen, um zu wissen, wo sie es gekauft hat, warum sie es gekauft hat, wie ihre Wohnung aussieht, welche Bücher sie liest, wie oft sie einen Typ im Bett hat ...«

»... sie hat's bei Bolton's in der 8. Straße gekauft«, unterbrach Rita. »Und zwar kaufte sie es in der Hoffnung, daß die Schulterpolster ihre Hüften schmaler machen, sie lebt in Park Slope, und ihre Küche hat Plastiktapeten mit Paisley–Muster. Das Buch *Angst vorm Fliegen* hält sie für ein Meisterwerk, und sie pennt zweimal im Monat mit jemandem, der Norman oder Josh heißt.«

»Niemals!« widersprach Cleo. »Er heißt Louis. Dafür lege ich meine Hand ins Feuer.«

»Mode ist jedenfalls ebenso eine Wissenschaft wie Sport«, sagte Rita energisch. »Aber versorgen unsere Männer uns etwa mit Popcorn und Bier, während wir uns durch Boutiquen kämpfen?«

»Mir macht Fellatio übrigens Spaß«, gab Cleo plötzlich zum besten.

»Laßt uns nicht über Fellatio reden«, bat ich. »Lieber über Eifersucht.«

»Mein letzter Freund«, erzählte Rita, »sagte mir, unsere Beziehung sei durch meine ständige, unterschwellige, neurotische Eifersucht zerstört worden. Und er hat recht. Ich gehöre zu denen, die Briefe über Dampf öffnen. Ich lese Tagebücher, durchsuche Schubladen, höre mir heimlich Anrufbeantworter an.«

»Du bist kein Einzelfall«, sagte ich.

»Stimmt«, mischte sich unsere Bedienung ein, die gerade eine neue Runde Margaritas brachte. »Ich habe sogar mal einen Detektiv angeheuert, um meinem Mann nachzuspionieren.«

»Warum?« wollten wir wissen.

»Tja, er machte mal so eine Bemerkung«, sagte sie, setzte sich und zündete sich eine Zigarette an. »Ach übrigens, diese Drinks spendiert der Typ im Burberry, der mit dem Mädchen im Türkisfarbenen redet. Jemand sollte ihr klarmachen, daß es nicht nur auf Schulterpolster ankommt. Also, mein Mann sagte: 'Jenny, jeder Mann auf der Welt will soviele Frauen wie möglich vögeln. Er tut's nur aus einem einzigen Grund nicht, nämlich weil seine Frau oder Freundin ihn zum Frühstück verspeisen würde.' Seither habe ich keine ruhige Minute mehr.«

»Ich glaube, er hatte recht«, meinte ich. »Männer haben einen unbezähmbaren Eroberungsdrang.«

»Das ist wahrscheinlich genetisch vorprogrammiert«, konstatierte Cleo.

»Also sind wir eifersüchtig«, sagte Rita. »Wer kann uns das verübeln? Wir wollen ein Nest bauen, sie gehen auf Raubzüge.«

»Pah, ich will kein Nest bauen«, behauptete ich.

»Doch, das wollen Sie, meine Liebe«, widersprach die Bedienung.

»Ich wüßte nicht, daß wir uns so gut kennen«, entgegnete ich eisig.

»Kein Grund, gleich beleidigt zu sein, meine Liebe«, sagte sie. »Ich habe Sie hier schon mal mit Ihrem Freund beobachtet. Als eine andere Frau ihn anschaute, haben Sie sie mit Blicken durchbohrt. Recht haben sie. Er ist ein Prachtstück. Tja, ich mache mich mal wieder an die Arbeit.«

»Ich zertrümmere ihr die Kniescheiben«, drohte ich an, nachdem sie gegangen war.

»Darf ich mal kurz unterbrechen«, sagte der Typ im Burberry. »Als Ex–Reporter bin ich ein guter Zuhörer und ich möchte einiges zurechtrücken. Männer vögeln gern herum, zugegeben, aber ihre Eifersucht ist mörderisch, wenn sie erst mal geweckt ist. Frauen haben eigentlich nur zwei schwere Charakterfehler. Sie manipulieren und sind unersättlich.«

Allgemeines Protestgeschrei.

»Lassen Sie mich bitte ausreden«, schrie dieser Giftpilz. »Ich verdiene als Drehbuchautor sehr viel Geld. Alle Frauen, mit denen ich ausgehe, erwarten von mir Kokain. Fünfzig Prozent von ihnen sind scharf auf ein Auto, die anderen fünfzig Prozent auf einen Pelzmantel. Ich persönlich hänge gern in dieser Kneipe herum, aber wehe, wenn ich die Ladies nicht zum besten Japaner ausführe. Dann gibt es garantiert lange

Gesichter. Ihr Frauen wollt gleichberechtigt behandelt, andererseits aber auch umsorgt und verwöhnt werden. Darüber kann ich mich wirklich aufregen.«

»Also, ich bin nicht so«, sagte ich.

Rita: »Ich auch nicht.«

»Sie haben uns doch die Drinks aufgedrängt«, argumentierte Cleo.

»He, Fred«, rief jemand herüber.

»Entschuldigen Sie mich«, sagte unser neuer Freund. »Ich bin gleich wieder zurück.«

Wir schauten ihm nach. »Wie reich mag er wohl sein«, überlegte ich laut.

»Meint ihr, daß er Kokain dabei hat?« fragte Cleo.

»Verdammt, am Ende hat er doch recht«, schrie Rita entsetzt.

MÄNNER, FRAUEN
UND FRISÖRE

Eigentlich handelt diese Kolumne ja nicht davon, aber ... Als ich vor 14 Jahren ein zartes Mädchen war und in England lebte, da verknallte ich mich unsterblich, und mir wurde zum erstenmal mein Herz gebrochen. Oh, es war gräßlich! Ich war vollkommen überzeugt davon, daß meine Gefühle erwidert wurden, doch dann stellte sich heraus, daß er einer von jenen Knaben war, die Mädchen in sich verliebt machen, nur um auszuprobieren, ob sie's schaffen. Es war mein erstes derartiges Erlebnis, und ich habe mich nie ganz davon erholt. Wir haben sogar den Kontakt aufrechterhalten, John und ich. Erst vor kurzem haben wir uns wiedergesehen.

Eigentlich fuhr ich aber der Frauen wegen nach England. Wißt ihr, daß die englischen Frauen absolute Klasse sind? Sie sind nicht nur witzig und schlagfertig, haben einen wunderbar rosigen Teint und sind herrlich verrückt, sondern sie sind auch ungemein präzise. Keine Unentschlossenheit, keine Widersprüchlichkeit; nein, diese Frauen nennen die kompliziertesten zwischenmenschlichen Situationen beim Namen.

»Also, hatte er nun die Jungskrankheit oder nicht?« fragte Felicity, eine umwerfende Brünette, als ich von meinen Schwierigkeiten mit einem gewissen Mann berichtete. Wir aßen gerade Spaghetti Carbonara in der genialisch unordentlichen Küche von Louisas Haus in Bayswater. Es ist so ein Haus, wo man die Eingangshalle durchquert und plötzlich stutzt: »Moment mal, war das nicht gerade ein Cezanne, an dem ich vorbeikam?« Aber wir waren bei der sogenannten Jungskrankheit.

»Du weißt schon«, erklärte Felicity, »wenn alles stimmt und du glücklich bist, und dann wird er plötzlich sehr seltsam und ist kurz darauf verschwunden. Die reinste Epidemie unter den heutigen Männern! Ich glaube, sie wurde von Natalia Schiffrin zuerst diagnostiziert. Ihr fiel nämlich auf, daß jene Freundinnen von ihr, die in der einen Woche mit strahlenden Augen auf Wolken schwebten, fast zwangsläufig in der nächsten trübsinnig, blaß und lustlos daherkamen. Offenkundig sind die Männer heutzutage insgesamt eine Enttäuschung.«

»Aber warum?« fragte ich.

»Das weiß kein Mensch«, antwortete Louisa, eine Traumblondine. »Vielleicht hat's was mit Tschernobyl zu tun ... So, wie wär's jetzt mit einem Dessert? Oder trinken wir lieber noch 'ne Flasche Wein?«

Am nächsten Tag rief ich John an, den Unhold.

»Wie schön, daß du hier bist«, sagte er. »Aber leider

muß ich heute abend in den Hurlingham Club, morgen bin ich im Regent's Park und am Donnerstag ist in meinem ehemaligen College Ball. Also klappt's nur zum Lunch, tut mir leid.«

»Du Scheißkerl!« schrie ich. »Hast mir mein Herz gebrochen, spielst dich auf und hast keine Minute Zeit für mich!« Nein, natürlich habe ich ihn nicht angeschrien. »Ja, zum Lunch paßt es mir sehr gut«, sagte ich höflich.

»Oh, ich hasse ihn! Was bildet er sich ein!« sagte ich zu meinen Freundinnen. »Ich gehe nicht hin.«

»Doch, geh hin und behandle ihn schlecht. Dann verliebt er sich garantiert aufs Neue in dich«, schlug Felicity vor.

»Felicity ist solch ein Mann«, sagte Sue – ein Ursula–Andress–Typ – kichernd.

»Ist sie nicht. Sie ist eine Frau«, widersprach ich und schielte auf ihre Brüste.

»Sie hat recht. Ich bin ein Mann«, sagte Felicity. »Kennst du nicht Will Wenhams berühmte Theorie?« fragte sie mich.

»Höchst einfach«, mischte sich Louisa ein. »Alle Frauen sind Mädchen, Frauen oder Männer. Und alle Männer sind Männer, Jungen oder Frisöre. Mach den Mund zu, sonst siehst du wie ein toter Karpfen aus.«

Ich machte den Mund zu und sagte: »Da komm ich nicht mit. Wie wär's mit ein paar Beispielen?«

»Sigourney Weaver ist ein Mann. Jane Fonda ist ein Mann. Diane Keaton ist ein Mächen«, sagte Julia. »Jessica Lange ist eine Frau. Mel Gibson ist ein Junge. Clint Eastwood ist ein Mann. Cary Grant war ein Frisör.«

»Was fällt dir ein!« empörte ich mich.

»Nein, das ist absolut okay. Es macht gar nichts, ein Frisör zu sein, und es hat nichts mit sexuellen Neigungen zu tun«, sagte Felicity. »Auch tolle Leute können Frisöre sein. Louisas Vater ist ein Frisör, und er ist ein großer Mann.«

»Mein Vater ist kein Frisör!« protestierte Louisa schockiert. »Mein Vater ist Gott.«

»Klar ist er das«, stimmte Felicity zu. »Aber er ist trotzdem ein Frisör. Er kennt sich mit Farben und Klamotten aus und ärgert sich furchtbar, wenn seine Haare unmöglich aussehen.«

»Vielleicht ist er ein Wesen«, meinte Sue.

Wesen scheinen was Besonderes zu sein, entziehen sich aber jeder Definition, soweit ich's begriffen habe ...

»Er ist ein Frisör«, sagte Felicity unerbittlich. »Gott sei Dank ist er das. Die meisten Männer sind Jungen. Männer, die Männer sind, sind vermutlich das Beste, aber fast unmöglich zu finden.«

»Während ich, obwohl weiblich, eindeutig ein Mann bin«, sagte Louisa und schlug kokett ein schlankes Bein übers andere. »Ich habe sogar die Jungskrankheit, was beweist, wie sehr ich ein Mann bin. Ich kann mich brennend für jemanden interessieren und verfolge ihn bis ans Ende der Welt. Doch in dem Moment, wo er Interesse zeigt, denke ich: 'Stop, ich bin mir nicht sicher, ob's mir gefällt, wie er seine zartgestreiften Hemden bis zum Kinn zugeknöpft trägt; und die Art, wie er atmet, geht mir auf die Nerven.' Also laß ich ihn stehen, ich kann nicht anders.«

»Ihr seid alle verrückt«, konstatierte ich.

»Überhaupt nicht. Es ist eine richtige Wissenschaft«, sagte Sue. »Wir haben sie jahrelang studiert. Wir wissen sogar, daß Mädchen meistens Frauen als Töchter haben.«

»Was bin ich?« erkundigte ich mich.

»Eine Frau.«

Ich überlegte kurz. »Na ja, stimmt. Meine Mutter war ein Mädchen.«

»Siehst du«, sagte Louisa. »Je besser du das studierst, desto mehr wirst du dein Leben in den Griff bekommen.«

Und so war es. Ich ging zum Lunch. John ist vor kurzem vierzig geworden und hat bereits graue Schläfen. Ziemlich bald schon redete er von seinem Liebesleben. »Ich bin mit einer Architektin liiert. Sie heiratete im Mai 1986. Im Juni 1986 küßte ich sie in einem Garten in Clapham. Im Januar 1987 verließ sie ihren Mann.«

»Und jetzt willst du sie natürlich nicht mehr haben.«

»Tja, es ist etwas problematisch.« Er legte die Stirn in ernste Falten, konnte aber das Funkeln in seinen Augen nicht verbergen, und ich war angewidert.

Doch dann ging mir ein Licht auf. Du bist ein Junge, dachte ich. Ich kann dich mit erhitztem Gesicht, Matrosenanzug und Lutscher im Sandkasten sehen. Du willst immer nur das Spielzeug der anderen Kinder. Du nimmst es ihnen weg und verlierst prompt jedes Interesse daran.

Im Bus auf der Rückfahrt ordnete der Fahrer pedantisch seine Tickets – der geborene Frisör! Das gleiche galt für den Ober im indischen Restaurant, der ständig die Gläser neu arrangierte.

Am Tag vor meiner Abreise rief ein Bekannter an und schlug eine gemeinsame Reise nach St. Moritz vor. Dort wollte er mich im besten Hotel nach Kräften verwöhnen. Er würde sich überhaupt um alles kümmern. *Ein Mann!* dachte ich erschrocken.

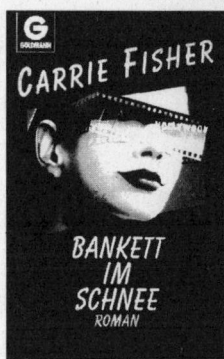

AMERIKANISCHE LITERATUR

Alice Hoffman
Wo bleiben Vögel im
Regen
9379

Kristin McCloy
Zur Hölle mit gestern
9365

Pete Dexter
Tollwütig
9410

Tama Janowitz
Nervensägen
9423

Margaret Diehl
Die Männer
9435

Madison Smartt Bell
Heute ist ein guter Tag
zum Sterben
9288

GOLDMANN

JUNGE LITERATUR

Winfried Bornemann

Bornemanns Briefmacken
8853

Bornemanns Briefmacken II
8963

Bornemanns Internationales
Adreßbuch   9166

Winfried Bornemann:
Fehlanzeige   9282

GOLDMANN

Literatur
aus Amerika

Alice Walker
Roselily
9186

Joan Didion
Das weiße Album
9078

Kurt Vonnegut
Slapstick
9175

Ken Kesey
Der Tag, nachdem Super-
mann starb   21022

Joan Didion
Demokratie
9150

Kurt Vonnegut
Das höllische System
9174

GOLDMANN